# 消失的文明

# 宫殿

池建新 主编

中国科学技术出版社
·北京·

图书在版编目（CIP）数据

消失的文明 . 宫殿 / 池建新主编 .-- 北京：中国科学技术出版社，2024.6
ISBN 978-7-5236-0764-0

Ⅰ.①消… Ⅱ.①池… Ⅲ.①宫殿 – 古建筑 – 中国 – 通俗读物 Ⅳ.① K209 ② K928.74-49

中国国家版本馆 CIP 数据核字 (2024) 第 098535 号

| 策划编辑 | 徐世新 |
| --- | --- |
| 责任编辑 | 徐世新　张耀方 |
| 封面设计 | 周伶俐 |
| 正文版式 | 玉兰图书设计 |
| 责任校对 | 张晓莉 |
| 责任印制 | 李晓霖 |

| 出　　版 | 中国科学技术出版社 |
| --- | --- |
| 发　　行 | 中国科学技术出版社有限公司 |
| 地　　址 | 北京市海淀区中关村南大街 16 号 |
| 邮　　编 | 100081 |
| 发行电话 | 010-62173865 |
| 传　　真 | 010-62173081 |
| 网　　址 | http://www.cspbooks.com.cn |

| 开　　本 | 710mm×1000mm　1/16 |
| --- | --- |
| 字　　数 | 130 千字 |
| 印　　张 | 17 |
| 版　　次 | 2024 年 6 月第 1 版 |
| 印　　次 | 2024 年 6 月第 1 次印刷 |
| 印　　刷 | 北京瑞禾彩色印刷有限公司 |
| 书　　号 | ISBN 978-7-5236-0764-0/K・396 |
| 定　　价 | 98.00 元 |

（凡购买本社图书，如有缺页、倒页、脱页者，本社销售中心负责调换）

## 科影发现系列丛书总编委会

主　　　任：张　力　池建新

副 主 任：余立军　佟　烨　刘　未　金　霞　鲍永红

委　　　员：周莉芬　李金玮　任　超　陈子隽　林毓佳

## 本书编委会

主　　编：池建新

成　　员：葛晓娟　任　超　陈子隽　李晓龙　刘　蓓
　　　　　张　鹏　林毓佳　樊　川　赵显婷　郭　艳
　　　　　宗明明　郭海娜

版式设计：赵　景　易爱红

图片来源：北京发现纪实传媒纪录片素材库
　　　　　图虫网　神笔 PRO

**池建新**

　　著名纪录片制作人。中央新影集团副总经理，发现纪实传媒董事长兼总经理。中国电影家协会理事，首都纪录片发展协会科学纪录片专委会秘书长。中国传媒大学客座教授。

　　编撰了大型系列图书《中国电影百年精选》，出版了著作《频道先锋——电视频道运营攻略》。

　　代表作包括《手术两百年》《中国手作》《留法岁月》《人参》等大型纪录片；创建央视《百科探秘》《创新无限》《文明密码》《考古拼图》《第 N 个空间》《创业英雄》等栏目，担任制片人。

　　带领的团队获得金鸡奖、百花奖、星花奖、中国纪录片十佳十优、纪录中国、中国纪录片学院奖及中国广播电视协会等颁发的各类奖 100 多项。

## 科影发现

中央新影集团下属优质科普读物出版品牌，致力于科学人文内容的纪录和传播。团队主创人员由资深纪录片人、出版人、文化学者、专业插画师等组成。团队与电子工业出版社、清华大学出版社、机械工业出版社、中国科学技术出版社等国内多家出版社合作，先后策划、制作、出版了《我们的身体超厉害》《不可思议的人体大探秘：手术两百年》《门捷列夫很忙：给孩子的化学启蒙》《小也无穷大》《中国手作》《文明的邂逅》等多部优质图书。

# 序

## 历史长河，皇家瑰宝

宫殿，是中华大地上璀璨的明珠，是皇权的象征，更是建筑艺术的瑰宝。它们在历史的长河中熠熠生辉，是中国古代建筑至高无上的存在，宫殿的每一砖、每一瓦都凝聚着匠人的心血与智慧，每一梁、每一柱都承载着皇家的尊严与权力。然而，随着时间的流逝，许多宫殿如流星般在历史的夜空中划过，只留下千年的叹息。

在古代，宫殿具有双重功能，既是皇帝处理朝政的庄严场所，也是他们日常居住的宁静之地。与普通百姓的居家之所相比，宫殿显然与众不同。它不仅仅是一个居住空间，更是承载皇家尊严与权力的象征。"王者父天母地"，这句话充分展现了皇帝被视为天界神权代表的地位，他们被称为"天之子"，是人间世俗权力的绝对主宰。正是由于这种特殊的地位和权力，皇帝的宫殿有着其他建筑无法比拟的规模宏大、格局严谨，辉煌壮丽。

在中国的历史长河中，许多帝王都致力于建造规模宏大的宫殿，如秦代的咸阳宫、阿房宫，汉代的长乐宫、未央宫、建章宫，隋代的大兴宫、仁寿宫，唐代的大明宫、兴庆宫，北宋的东京大内、南宋的临安凤凰山皇城，辽、金、元时期的燕都，明清的北京紫禁城等。这些宫殿不仅展现了当时最高的建筑技艺，更是社会思想意识、文化艺术、生产水平以及工程技术水平的集中体现。

然而，随着王朝更迭，许多宫殿毁于战火或被付之一炬，如今完整保存的仅有北京的明清故宫和沈阳的清故宫，它们成为我们窥探君王时代仅有的两扇窗口。回溯这些消失的宫殿，我们不禁感叹历史的沧桑，更应珍惜和保护现存的遗产。

本书选取的几座消失的宫殿，都出自陕西。作为华夏民族的重要发祥地，陕西孕育了无数辉煌的文明，见证了中华民族的成长与繁荣。这里曾经矗立过许多辉煌的宫殿，如今却只留下遗址和传说，见证着陕西在华夏历史上的一个个黄金时代。

翻开这本书，让我们一起踏上时光之旅，这些消失的宫殿，仿佛在诉说着千年的故事，呼唤我们去探寻那一段段逝去的辉煌。作为炎黄子孙，我们有责任去了解和保护这些珍贵的文化遗产，并让它们在未来的岁月里继续闪耀光芒。

## 盛唐华清宫

- 大明宫探秘 — 123
- 武则天临朝称制 — 134
- 唐玄宗与开元盛世 — 142
- 考古太液池 — 147
- 大明宫之殇 — 153

## 盛唐华清宫 — 159

- 骊山脚下华清宫 — 160
- 唐玄宗扩建华清宫 — 171
- 杨贵妃与海棠汤 — 176
- 等级分明的各式汤池 — 182
- 梨园祖师 — 186
- 华清宫全貌重现 — 191
- 遗梦华清宫 — 200

## 离宫之冠九成宫 — 213

- 寻宫麟游 — 214
- 离宫之冠 — 222
- 玄武门之变 — 229
- 君臣佳话 — 242
- 保护性考古 — 248
- 《九成宫醴泉铭》 — 255

# 目录

## 大秦咸阳宫 —— 001
- 荆轲刺秦王 —— 002
- 雄壮奢华的各国宫殿 —— 008
- 秦孝公迁都咸阳 —— 012
- 咸阳宫寻踪 —— 015
- 秦始皇统一天下 —— 028
- 咸阳宫的灰飞烟灭 —— 036

## 风云未央宫 —— 045
- 古都长安 —— 046
- 刘邦关中定都 —— 049
- 雄奇未央宫 —— 053
- 削除异姓王 —— 071
- 外戚干政 —— 078
- 少府遗址 —— 084
- 刻在骨签上的秘密 —— 090

## 大明宫遗恨 —— 101
- 唐太宗始建大明宫 —— 102
- 唐高宗迁居大明宫 —— 115

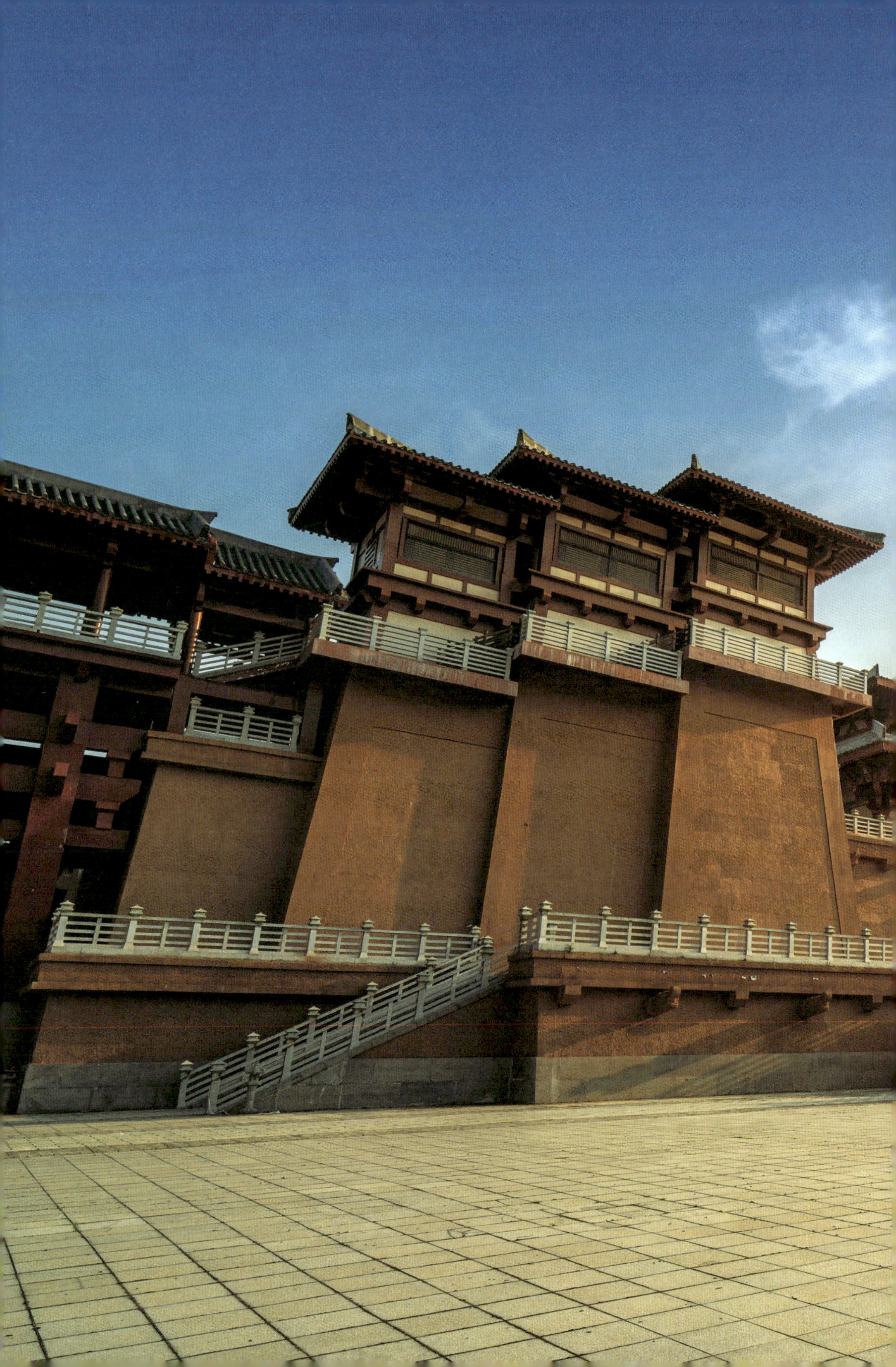

# 大秦
# 咸阳宫

　　咸阳宫，是战国时期秦国和统一后秦王朝的都城宫殿。公元前350年，秦孝公迁都咸阳，并开始营建宫室。

　　《史记》记载，秦每破诸侯，都会仿其宫室，筑于咸阳北阪上。直到后来，咸阳旁200里内营建的宫观多达270座，中间由无数复道、甬道相连。

　　广义上说，秦咸阳宫指的是咸阳城所有的宫殿建筑群。

　　秦朝末年，项羽攻入咸阳城，屠城纵火，咸阳宫被夷为废墟。

秦王宫（横店影视城）

## 荆轲刺秦王

陕西咸阳，中国西部古城，2000多年前，它是秦朝的都城，人称"天下第一帝都"。咸阳宫，这座辉煌一时的宫殿建筑群虽然早已化作层层焦土，但它的遗址以及有关它的历史故事和传说，却成为2000多年前历史的纪念碑，供后人不断畅想和追忆。

咸阳宫有多雄伟宏大？具体位置在哪里？我们不妨从荆轲刺秦王的故事讲起。

战国后期，经过长期的割据战争，诸侯国间的盛衰格局发生了很大变化，而综合国力提升最快的莫过于秦国。从公元前359年起，秦孝公任用商鞅施行变法，至庄襄王止，经过六代国君百余年的苦心经营，秦国的经济和军事力量远胜于其他六国。

公元前228年，秦国大军攻占邯郸，俘虏了赵王迁，赵国灭亡。随后，秦国兵至燕国边界。公元前227年，燕太子丹派荆轲作为使者，携带夹有匕首的燕国督亢（今河北高碑店、涿州、固安一带）地图和秦国叛将樊於期的首级，以"举国为内臣"的名义朝见秦王嬴政，试图行刺秦王从而挽救燕国。

太子丹还派了一名叫秦舞阳的勇士跟随荆轲一起，做他的助手。秦舞阳胆量过人，13岁时就杀过人，一身煞气，人们往往不敢跟他正眼相对。

陕西咸阳清渭楼
咸阳古渡

消失的文明：宫殿

荆轲出发时，太子丹率宾客到易水边为荆轲送行。高渐离敲筑鼓乐，荆轲和着拍子慷慨悲歌："风萧萧兮易水寒，壮士一去兮不复还"。随后，荆轲拉着秦舞阳跳上车，义无反顾地来到了秦国都城咸阳。

荆轲雕像

大秦咸阳宫

秦王嬴政在咸阳宫召见了荆轲。荆轲为秦王献上燕督亢地图，在图穷时抽出匕首刺向秦王，但因未能刺中反被秦王所杀。大惊之后，秦王大怒，命令军士一刻不停地进攻燕国。

虽然荆轲刺秦的任务失败了，但他以其惨烈的方式，完成了六国与秦国之间的一次传奇对抗，这个壮举同时也激发了后续其他人接连不断的刺秦行动。

这其中就包括在易水河边为他击筑的音乐奇才高渐离。高渐离既是燕国人，也是荆轲的好友。亡国之恨、家破之仇、知己之殇，一一袭来，高渐离脑海里闪现出两个字：复仇！

高渐离以擅长击筑闻名。《乐书》记载："击筑，筑之为器，大抵类筝。其颈细，其肩圆。以竹鼓之，如击琴。然又有形似颂琴，施十三弦。"在战国时，筑这种击弦乐器很流行。

高渐离决定隐姓埋名到达官贵人家做乐师，等待报仇的时机；终于，他的击筑技艺声名远播，秦始皇得知后请他到王宫为自己击筑。却不想，高渐离的身份被人识破，告知了秦始皇。

秦王宫（横店影视城）

  秦始皇不舍高渐离击筑的才能，却又对高渐离有所防备，于是命人弄瞎了高渐离的眼睛，以为这样高渐离就没办法刺杀他了。

  这天，秦始皇让高渐离为他击筑，不曾想，高渐离在筑里灌注了铅，他趁秦王听曲正入迷的时候，举起筑向秦始皇的头部猛地砸了过去。遗憾的是，这次刺杀行动仍旧以失败告终。此后，高渐离被诛杀，秦始皇则更为警惕，终身不再让其他人近身伺候。

大秦咸阳宫

作为中国历史上第一位大一统的皇帝，秦始皇统一的过程充满了残酷和血腥。连年的战争导致大量人口伤亡和流离失所，也破坏了六国的社会秩序和经济基础。同时制度改革、文化冲突等问题，也加重了各地人民对他的仇恨和不满，秦始皇一生中遭遇的刺杀也远不止这两次。

荆轲刺秦王是一个计划周密的刺杀行动，但让人想不到的是，就在登殿觐见秦王时，13岁就被世人称为勇士的秦舞阳却突然脸色大变、颤抖地跌倒在台阶上。

究竟是什么让勇猛过人的秦舞阳双腿发软呢？后人推测，秦国气势磅礴、巍峨耸立的宫殿和秦国士兵严阵以待的气势应该是主要原因。

秦始皇画像

007

## 雄壮奢华的各国宫殿

在今河北易县境内,考古学家发现了燕国都城——燕下都。燕下都遗址高耸的城墙内保留着燕国的宫殿遗迹,在相距约6千米的南北中轴线上一路排列着武阳台、望景台、招贤台、驿馆4座巨大建筑的夯土台基。

考古人员在燕下都城内外已探明的高台有50多座,其中,最大的武阳台南北宽约110米,东西长约140米,残高11米,光台基就约有现在的4层楼高,宽广的台基上至今还清晰可见上殿的层层台阶。武阳台是当年燕王处理政务的主殿,不难想见,当初燕下都的雄伟气魄及宫殿建筑的豪华与宏伟。

疑问由此来了:来自燕国的秦舞阳竟然会被秦国的咸阳宫吓倒,那秦国的宫殿到底有多么雄奇巍峨呢?

人们所熟知的西周时期的代表性宫殿建筑,在今天的陕西岐山县周公庙旁的凤雏村,这一座四合院式建筑,建于高约1.3米的夯土台基上,显得稳重平和。

不过,考古学家指出,进入东周后,周王室式微,诸侯争霸开始,各诸侯国开始盛行高台建筑。为何会出现这种景象?西汉政治家萧何一语道破东周建筑的天机:非壮丽无以重威。

河北易县荆轲塔

章华台旧址上修建的章华寺

考古证实，从战国到秦完成统一的250多年间，高台建筑十分盛行。不同于从地面以下起地基，高台建筑是在地平面上用夯土技术建立起高度不同、体积不同的高台，再在高台上建造宫殿，高低错落，巍峨壮观。

正是由于政治、经济上的剧烈变化，统治者们为了强化王权的至高无上，反而将宫殿越修越高、越修越大。如公元前535年的楚国离宫章华台，就被称作"天下第一台"，据说中途得休息3次才能到达台顶，因此又名"三休台"。

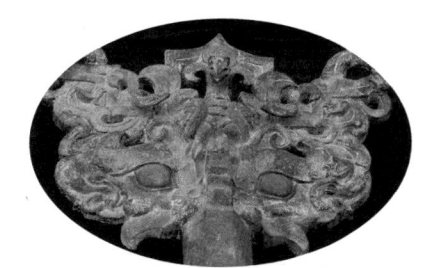

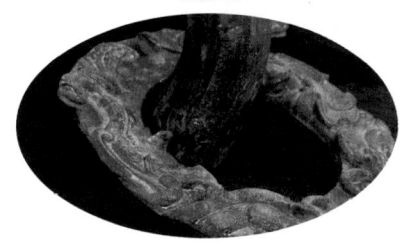

## 知识链接：燕下都遗址

燕下都遗址是已发现的战国都城中最大的一座，在今河北省易县境内，建于战国末燕昭王时期（公元前311年），总面积约40平方千米。

燕下都宫城分为东城和西城两部分，东城为内城，分区明确，有宫殿区、手工业作坊区、墓葬区等；西城为防御的附城。

燕下都遗址出土的文物让世人震惊。双龙饕餮纹半瓦当，高18厘米，直径35厘米，是普通瓦当的3倍。这里还出土了一件宫门铜铺首衔环，高74.5厘米，重22千克，难以想象，要多么巨大的宫门才可与它搭配，燕国的宫殿又有多么雄壮奢华！

大秦咸阳宫

宫门铜铺首衔环

双龙饕餮纹半瓦当

消失的文明：宫殿

陕西渭南秦代文化遗址公园的青铜大方鼎

## 秦孝公迁都咸阳

公元前356年，秦国第30代国君秦孝公任命商鞅为左庶长，在秦国国内实行第一次变法，变法很成功，秦孝公也由此成为秦历史上的一代雄主。公元前350年，秦孝公决定迁都咸阳，这是秦国历史上一个重要转折点，由此翻开新的篇章。

考古人员在对比秦新旧都城时注意到，秦旧都雍城

青铜大方鼎（局部）

并没有发现明显的高台建筑遗迹，宫城所在的台基只有1到1.5米高；而到了新都咸阳，宫殿却越修越高，竟然高到令燕国刺客秦舞阳都望之惊恐。

为何秦国建筑风格会发生如此大的转变？这跟秦统治者的雄心和抱负密不可分。

咸阳四面环山，易守难攻，同时处于关中四通八达的交通枢纽。最重要的是，咸阳所在的关中地区雄居黄河中游，地势西高东低，可以形成对黄河下游各诸侯国的居高临下之势，统治地位优越。

再有，东周百年，群雄并起，谁都想吞并诸侯，但没人旗帜鲜明地将统一天下作为基本国策，真正敢将这一理想付诸实施的只有秦人。

从迁都咸阳起，咸阳宫的壮大和伟岸开始载入史册，伴随的是秦人统一六国漫长的征程和战火的不断燃烧。

## 消失的文明：宫殿

2000多年后，考古人员试图通过咸阳宫探寻那段惊心动魄的历史，但咸阳宫的"博"和"大"却让考古工作从一开始就陷入困境。

据《汉书》描述："秦起咸阳，西至雍，离宫三百"；杜牧在《阿房宫赋》中提及咸阳宫城也说："覆压三百余里，隔离天日"；《史记》更是记载："咸阳之旁二百里内，宫观二百七十"。

换算一下，秦时的200里相当于今天的83.2千米，而现今咸阳市东西最宽处也仅有106千米，可以想见咸阳宫的占地面积有多广。这让考古勘探一下子陷入僵局，工作将怎么开展呢？

秦王宫大殿（横店影视城）

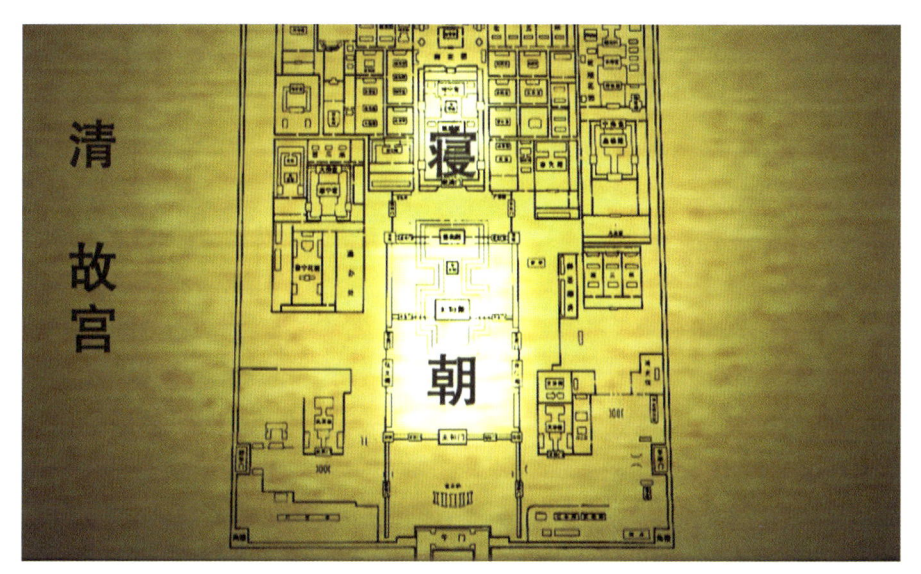

北京故宫前朝后寝布局

## 咸阳宫寻踪

秦咸阳宫有多大？我们可以跟现存明清皇宫——故宫做一下比较：故宫面积为0.73平方千米，普通人从南到北走完这座巨大的宫殿至少需要半天时间。

考古发现证实，中国历代宫城规模呈日渐缩小的趋势，清故宫是0.73平方千米，唐大明宫3.3平方千米，而汉长安城的未央宫和长乐宫则分别为4.6和6.6平方千米。秦咸阳宫会有多大，令人难以想象。

那么，承载2000多年前那段辉煌历史的咸阳宫到底在哪里呢？考古人员想到荆轲刺秦王的这段历史：燕国是战国七雄之一，荆轲作为燕国特使，自然备受重视。

消失的文明：宫殿

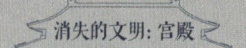

自古，外国使节的接见活动，都是国之大事，一定得在国都的主要宫殿里举行。若能找到秦城墙遗址并确定其范围，不就能够确定秦舞阳倒下的咸阳宫正殿位置所在了吗？

西周以来，中国古代宫殿的修建一直遵循一条建筑原则：正殿须建筑在城区中轴线上。这是因为古人受宇宙观念的影响，认为皇帝是天地之间的连接者，宫殿是天人合一的象征。因此，将宫殿建在城区中轴线上，可以与宇宙中心相呼应，体现皇权的地位和威严。明清两代的皇宫——北京故宫，就坐落于城区中轴线上。考古人员推测，秦咸阳宫即使再宏大、再广袤，也不会脱离这个建筑原则，它的正殿位置一定也在城区中轴线上。

不久，一个好消息传来：考古人员在咸阳城东北的窑店镇长陵车站附近，发现了水井、管道、陶器、瓦片等秦国器物，其中一个陶拍（陶瓷制作用具）上面刻有"咸屈里善"。这件

北京故宫远景图

大秦咸阳宫

出土的秦官员头像

楚国陈爰金币

出土的秦铜诏版

黄土台塬长陵车站所在地

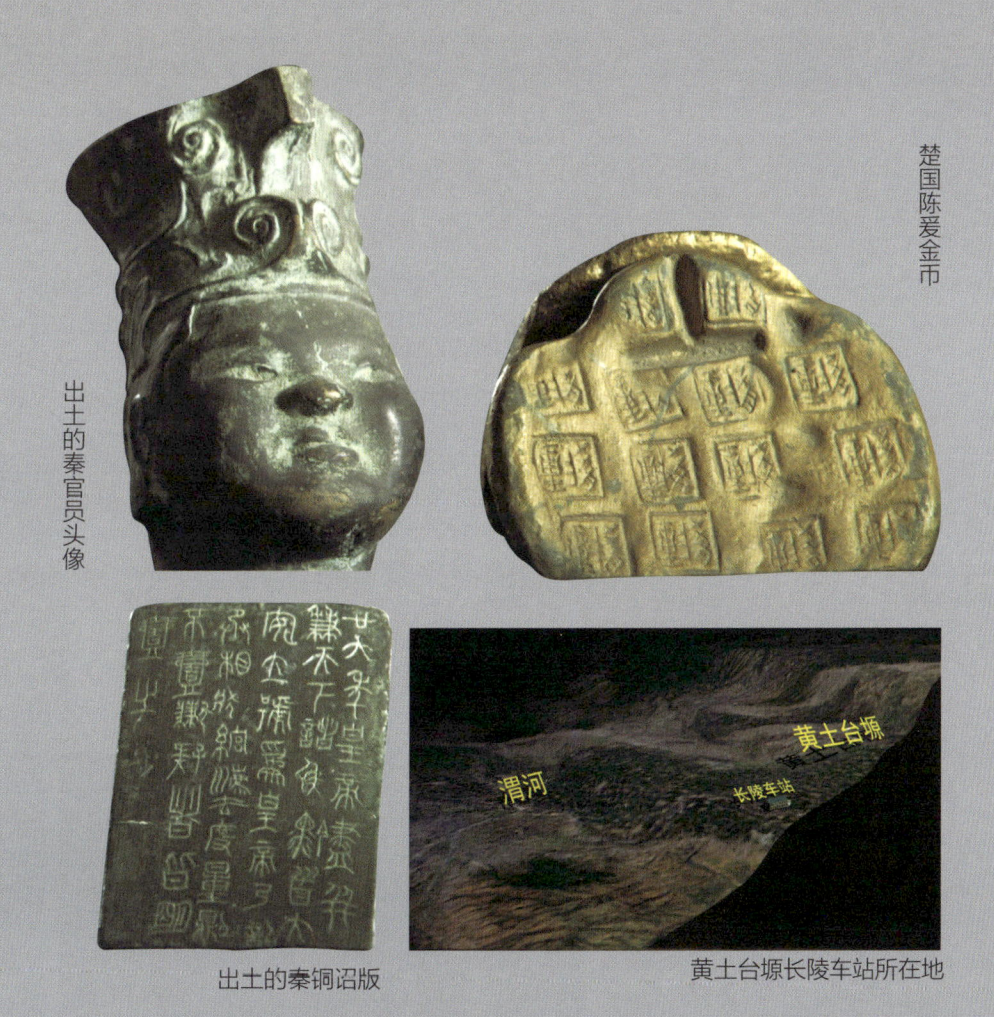

渭河　长陵车站　黄土台塬

陶器表明它不仅产自一个名为"善"的街区，也说明该街区是咸阳领地。随后发掘出土的铜诏版、秦官员头像、楚国陈爰金币等文物，都一一证明：长陵车站所在地在秦时不仅是一个手工作坊区，还是一个热闹的市井。

但令考古人员疑惑的是，自西周以来历代都城的布局还有"前朝后寝""前朝后市"的礼制规范。按照这样的要求，咸阳宫殿区应该在长陵车站以南，靠近渭河，这可能吗？

消失的文明：宫殿

　　咸阳地形主要由三部分组成：南部的渭河平原地势平坦，中部的黄土台塬地势开始抬高，北部是高原丘陵。值得注意的是，中部的黄土台塬作为黄土高原特有的地貌，顶部平坦阔大、四周高耸陡峭，塬上塬下有100多米的落差，长陵车站就位于台塬最下一层。

　　试想，秦王在迁都时会做出怎样的抉择呢？是将宫殿建造在高高台塬上追求至高无上的效果，还是会建在平原屈从旧制呢？

　　显而易见，秦人打破了常规，在地势更高的塬上建造了宫殿。

牛羊沟位置图

牛羊沟夯土台基

牛羊沟都柱遗迹

大规模考古工作在长陵车站以北的区域展开，塬上耸立的巨大土堆由此成为关注目标：它们会是咸阳宫殿的夯土台基吗？答案逐渐清晰。

1974年春，考古人员首先在聂家沟、姬家道发现北、西、南三面城墙遗迹，之后刘家沟的东墙断续隐现，就这样一个面积约51万平方米的城区轮廓大致呈现出来。

考古人员留意到，牛羊沟所处位置恰好在城区中轴线上，而且这里沟道狭窄，仿佛是人工开凿而成的。这一异常情况引起考古人员重视。

秦王宫中宫门（横店影视城）

果然，队员们在沟道中发现了战国时期瓦片，沟道两端的崖壁上还发现有结构相同的下水管道。考古人员猜测：这个位置可能正是秦舞阳倒下的咸阳宫正殿所在地。

考古发掘围绕着牛羊沟两侧的夯土堆快速展开：在夯土台基的中央，考古人员发现了都柱的残迹。都柱是秦汉时期宫殿和崖墓正中唯一一根用来支撑屋顶的擎天柱。这根都柱直径有 68 厘米，这是迄今为止中国发现的最粗的都柱。根据柱子直径和西周常用的屋盖坡度，可以推算出屋顶高度至少 17 米，相当于今天五层楼的高度。

不妨做个对比：北京天坛的祈年殿高 38 米，它是在殿正中用四根高达 19.2 米的"龙井柱"支撑起来的。毫无疑问，比祈年殿早了 1500 年，只用一根柱子支撑的秦朝宫殿，竟能达到如此高度，不禁令人赞叹！

整个建筑复原后是一座占地 5400 平方米、横跨牛羊沟、两层结构的曲尺型建筑。它最大的特点是，整个建筑高耸于距地 4.9 米的夯土台基之上，是当时典型的高台建筑。其中，在距地 0.96 米高处是第一层宫室，它们围绕在台基周围；而在 4.9 米台基上的第二层宫室，是由都柱支撑的宫殿主体，即主殿。

这座看起来楼廊环绕、宏伟大气的宫殿，会是将秦舞阳吓倒的咸阳宫正殿吗？

大秦咸阳宫

北京祈年殿

祈年殿龙井柱

龙井柱和藻井

考古人员从门道上残留的壁画和出土的环、钉判断，第二层宫室应该为整个宫殿装饰最华丽的地方，推测这里应为秦王燕乐享乐之地。其中，相邻的三室内有取暖的壁炉，应为秦王临幸休息之所；一室西侧有一排房屋，其中第五间内残存暖炉和最大的地漏，推测为秦王的浴室。

而下层南排有五间40平方米左右、墙面有彩绘的房间，似为妇女居住的卧室；相邻八室内有暖炉和排水地漏，地铺方砖，应为盥洗、沐浴之处。八室还出土了陶纺轮，似乎为宫中妇女消遣之物。因此，这一层应是秦王后宫佳丽的生活起居之地。考古人员认为，牛羊沟宫殿很可能是秦王的后宫。

大秦咸阳宫

据《史记》记载，秦王每破一国，就将代表这一国的宫殿仿造在咸阳塬上、自己宫殿的周围，并且将从六国掳掠来的美女、钟鼓安置其中。嬴政这个将六国宫殿建到咸阳的举措，对他和秦国来说是一种炫耀和气魄，但对被灭国者来说，却是无尽的屈辱和愤恨。

秦与六国的战争实际是一场统一与分封的理念之争。其实，从嬴政灭燕的过程，人们就可以看出秦想要废除分封制的决心。

秦王宫建筑（横店影视城）

秦王后宫（复原图）

023

消失的文明：宫殿

据记载，嬴政派军一路追杀燕王和燕太子直至辽东。燕王认为这是太子刺秦的举动引发的祸端，于是亲手杀了儿子，将人头奉上以求自保。但最终却仍落得被赶尽杀绝的命运，空留千古遗恨。

对于刺客荆轲，秦王更是痛恨不已，即使肢解荆轲也无以泄恨，毕竟荆轲差点就成功刺杀自己，这对嬴政来说是奇耻大辱。嬴政还派人清除所有与荆轲关系密切的门客和朋友，高渐离也在其中。在日复一日、年复一年的逃亡、流离、苟活的过程中，高渐离心中的悲悯与仇恨越积越深。

据《史记》记载，逃亡的高渐离隐姓埋名在宋子的一家酒馆做了酒保。宋子，在今天河

宋子（赵国边陲小镇）

秦始皇兵马俑

北石家庄附近，这里当时是赵国的一个边陲小镇。六国灭亡，诸如邯郸之类的大城市被秦军屠戮，像宋子之类的小镇反而聚集了越来越多的燕赵遗民。

酒馆里人来人往，老板时常会请人来演奏助兴，高渐离就开始以为人击筑谋生，他的曲子往往充满慷慨悲歌，能激起燕赵遗民的愤慨之情。

随着名气越来越大，高渐离不免为暴露身份而担忧，但他也处心积虑地为复仇做着准备。

史书记载，秦王嬴政一生多次遇刺，有名有姓的刺客全都来自六国。

消失的文明：宫殿

咸阳宫布局图

一号宫滤水器

一号宫漏斗

一号宫下水管道

荆轲刺秦后，六国遗民又做了多方面刺秦的准备，包括置备武器、绘制咸阳宫地图、研究管道布局等，但咸阳宫的繁复庞杂、深不可测确实出乎他们的预料。

对这深有体会的，莫过于发现一号宫的考古人员。在牛羊沟宫殿，也就是考古人员所说的"一号宫"，人们发现了纷繁多样的各式管道，有漏斗的、有五角形的，还有滤水的，最大的管道直径达59厘米，这些下水管道是如何在宫殿中布局的，考古人员至今仍没有搞清楚。

考古人员推测，一号宫并非秦舞阳面秦时的秦宫正殿，后来这个推测得到了碳-14的实验验证。一号宫大约建于公元前340年，这座包含有8座宫殿、总面积51万平方米的宫城，应该是秦迁都咸阳后最初的咸阳宫城。

遗憾的是，除了一号宫外，其他宫殿由于破损严重，已经很难确知当时的模样和功能了。

秦王的统一大业是一番空前绝后的事业，但公元前224年，秦王遇到了统一进程中最大的障碍——楚国。楚国与秦国实力相当，秦国举60万大军攻打楚国，战事拖延长达一年，直到第二年，楚国国都才沦陷。

又过了两年，即公元前221年，中国历史上第一个统一王朝——秦朝，终于诞生了。

秦始皇雕像

## 秦始皇统一天下

秦统一六国后，嬴政迅速采取一系列措施，包括创立皇帝名号，统一诸侯国文字、货币、度量衡等，他用中央集权的统治确立了对帝国的掌控。

1966年，在咸阳市塔儿坡发现了一座秦青铜器窖藏，里面有一件青铜量器格外引人注目。原来，它是魏、韩、秦三个国家的重器。这件青铜量器上所刻的文字和标记生动地记录了秦建立和巩固政权的过程。

这件器物腹部，刻有"安邑下官锺"字样。其中"安邑"是魏国国都，"下官"是魏国专门制作统一度量衡的国家机构，"锺"是器物的名称。据此判断，这件器物最早应该造于魏。

这件器物上共刻有27字铭文，在"安邑下官锺"5字铭文之后还刻有22字铭文。这些铭文从内容到铭刻方式与发现的另一件韩国的荥阳上官皿完全一样，说明这件"安邑下官锺"是在魏韩之战中被掠夺到了韩国。

铭文也证实了这一点：这件铜锺是在魏昭王九年（公元前287年）从安邑来到韩国，在韩桓惠王十年（公元前263年）又校正了容量。铭文写道：十年九月，韩国名叫成和狄的官员将容量校正，增大半斗加一益（溢），即今天的1300多毫升。

秦衡器

消失的文明:宫殿

咸阳塔儿坡出土的青铜量器

"至此"

秦灭韩之后,这件铜锺又来到了秦国,秦人对其进行了新的校量。这件量器颈部有一条横杠,刻有两个秦国小篆字迹:"至此",其上标明为:十三斗一升。

经测量发现,至口沿处的容量是26400毫升,换算成斗,正好与秦国当时一斗的容量完全吻合,说明,其口沿处的铭文是器物入秦之后进行的新校量,这件"安邑下官锺"由此成为秦的标准量器。

可以说,"安邑下官锺"是秦人统一天下的历史见证,它的出土,为研究战国各国的标准容量和秦的统一进程提供了宝贵的资料。

按照史书记载,秦始皇先是雷厉风行地收缴了天下兵器,铸成铜人立于咸阳。然后又将诸侯国的豪强富户共12万人迁徙到自己周围监视起来,只为彻底斩断六国卷土重来的可能。

几年前荆轲的那次刺杀,始终让秦始皇耿耿于怀,于是在统一后的第二年,秦始皇从咸阳宫发出命令:捕杀燕太子和荆轲的门客。

秦始皇斩草除根的举措,进一步加剧了对立者的仇恨,于是复仇者如星火般一点一点慢慢逼近咸阳宫。

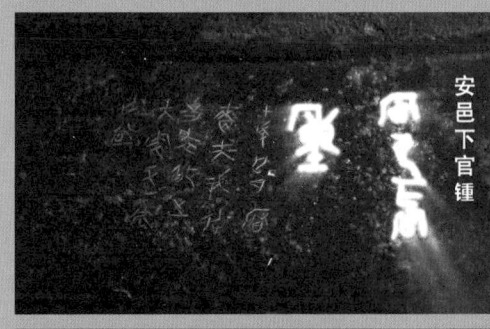

安邑下官锺及铭文

一直以来，中国都城的布局就是内宫城以及外郭城，比如北京故宫就是由一组组宫殿群和外城墙构成的宫城。但迄今为止，考古人员只在咸阳找到初建时的咸阳宫，始终没能找到外郭城。人们不禁疑惑：难道在这座宫城的周围还有其他宫城？如果是这样，都城咸阳的规模究竟有多大？

据载，秦王朝建立初期，秦始皇就开始大搞基础设施建设，当时同期兴建的重大工程就多达七项，包括长城、灵渠、驰道、直道、秦始皇陵、咸阳宫城以及秦始皇极庙的修建。

贵州都匀市秦汉影视城

雍城，是秦迁都咸阳之前294年的国都，今天人们在陕西宝鸡凤翔县已发现它的遗迹。秦人在迁都咸阳以后，雍都故地的秦宗庙也一直维持着高规格的奉祀制度。不过秦始皇在统一天下后，就开始着力营建起了新的宗庙，在渭河以南，北宫和桂宫之间的位置重新建起了宗庙，即秦始皇极庙。

极庙，是秦始皇在生前给自己修建的生祠堂。在秦始皇死后，秦二世就将极庙尊为祖庙，想要世代供奉它。可见，在当时，极庙在帝都各项基建中应是居于首位的，地位很高。

消失的文明：宫殿

阿房宫前殿夯土遗址

凤雏宗庙宫殿遗址

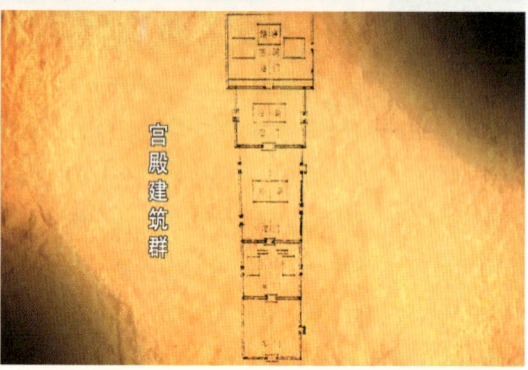

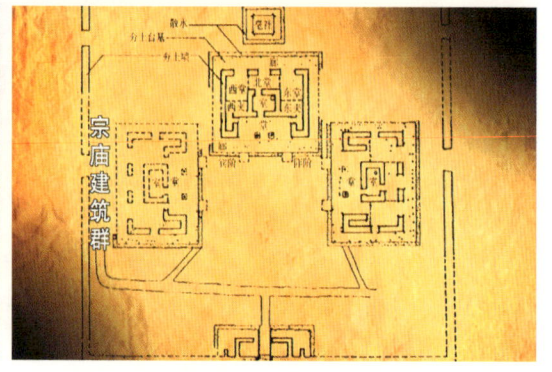

宫殿建筑群

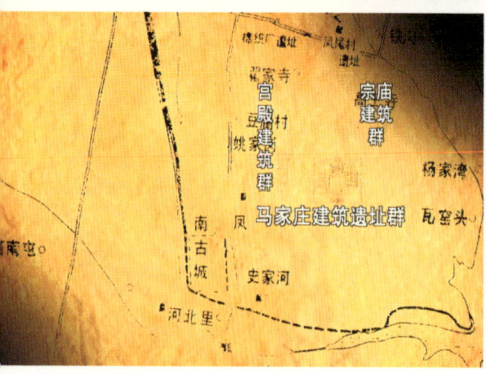

宫殿建筑群

宗庙建筑群

在秦始皇之前，宗庙是跟宫城在一起的，秦始皇却改变了这一点，这也直接暴露出他想要个人集权的野心。但他想不到的是，建筑可以彰显皇威、集权可以加固皇权，但这些也刺激了欲望的膨胀，积聚了越来越多的怨恨。

公元前212年，秦王朝又一项重大工程阿房宫的建设正式启动。据《史记》记载，秦始皇之所以修建阿房宫，主要是觉得咸阳人口众多，先王宫殿狭小，于是在渭河南岸造阿房宫前殿为未来的朝宫。

秦始皇不仅将建设中的阿房宫视作秦王朝新的政治核心，而且将它看作整个都城咸阳完整规划的关键一环。秦始皇计划在距阿房宫20千米的终南山上修建门阙，作为咸阳南大门，然后在终南山与阿房宫之间架起阁道，一座空中走廊将北渡渭水与咸阳宫城连接。

在秦始皇的规划中，咸阳是一座按天象而建的都城。咸阳宫象征天帝居住的紫微宫，渭水好比银河，天帝可以从天极（即极庙）出来，经过阁道，横渡天河而达于紫微宫、阿房宫。

2000多年后，考古人员找到并确认了阿房宫前殿夯土基址的位置，基址东西长1270米、南北宽426米，最高处达12米，总面积约55万平方米，是之前发现的咸阳一号宫的100多倍，比当今世界上最大的城市中心广场——天安门广场还要大。

试想，如果阿房宫建成，那将是令人震惊的景象。不过秦始皇的阿房宫兴建计划，却未能获得成功。

## 咸阳宫的灰飞烟灭

武力可以征服六国的土地和人民，却未必能征服人心。

其实在修建阿房宫前，秦朝堂上就对统一与分封进行了激烈的辩论，但并没有结果；秦王朝建立近10年，这两种理念之争从没有停止过。面对不顺从者，秦始皇再次采取了暴力手段，这就是后来众所周知的"焚书坑儒"。

焚书事件标志着秦与六国难以消除的对立，焚书的后果也将根基不牢的帝国大厦推向倾覆的边缘！

在这时，高渐离已然成名并被召入宫。大殿之上，高渐离常常给嬴政弹唱演奏。虽然进宫后不久，高渐离便被人认出，但也许是太喜欢他的音乐，嬴政并没有杀他，只是熏瞎了他的双眼。在《史记》中，司马迁专门强调，高渐离的眼睛是被熏瞎而不是刺瞎的，据说是因为秦始皇担心刺痛感会使人心智发生变化而影响演奏水平。

这天，高渐离的筑击打得格外投入，嬴政也仿佛深受感染，不知不觉沉浸其中。高渐离趁机举起来内含铅块的筑，想要撞击秦始皇，但是未能成功。最终，秦始皇杀了高渐离。

秦兵马俑

消失的文明：宫殿

项羽雕像

高渐离以命相拼，让秦始皇变得多疑和孤独，他只有在无边的咸阳宫能感到安全。

从万众敬仰的音乐家到苟且偷生的逃犯、从故国亲人失散到知己被残杀，高渐离的经历只是众多六国遗民命运的缩影。反秦的浪潮以前所未有的规模，蓄势待发。

公元前206年，仅仅建立15年的秦帝国灭亡了。秦的雄起与覆灭同样令人震惊，历史学家们将其短暂的帝国史归因于苛政，各路英雄豪杰揭竿而起，奋力反抗秦的暴政，这就有了刘邦和项羽的攻入咸阳。

史书没能详细记录下刘邦进入咸阳后的情景，只是透露萧何找不到刘邦了，不知是刘邦在咸阳宫中迷路了，还是萧何迷路了。这之后，他们几乎没有其他更多行动就悄然离开了咸阳宫。

而项羽呢，他用一把大火，彻底荡平了整个咸阳宫，只给后人留下了一个个关于咸阳宫的谜团。

那么，咸阳宫究竟有多大？

1989年，考古人员在距咸阳市6千米的古沙河桥上，发现了两座秦代桥梁遗迹。其中，比较完整的一号桥长300米、宽22米，发掘出16排、112根木桩，它们的直径至少40厘米。

我们不妨拿今天的南京长江大桥来做一番比较：南京长江大桥宽15米，可并行4辆大型汽车，大桥两侧各有2米宽的人行道，总宽为19米。

消失的文明：宫殿

古沙河桥遗址的木桩特写

古沙河桥装饰铜构件

咸阳宫与阿房宫

古沙河桥遗址

相比之下，南京的长江大桥比2000多年前古沙河的一号桥还窄了3米，而一号桥或许只是通往上林苑中几座离宫的一座普通桥梁而已。

在桥末端的河道内，还有7件U型长槽的铁质铸件，每件重2~3吨，桥南还发现长达116厘米、重达32.5千克的装饰性铜构件，如此庞大的装饰构件让人已无法想象桥本身究竟有多大。

遗憾的是，今天的人们无法回到2000多年前，亲眼见证咸阳宫的真貌。

不过，经过反复的考古勘探和考证，考古专家们得出了新的推断：秦国都城咸阳很可能没有城墙。它的大致布局为：一号宫所在是初建时的咸阳宫城，其他主要宫殿如兰池宫、望夷宫、极庙等，实际形成了一个大型闭合圈。

它西起塔儿坡，经咸阳塬东北行，至泾、渭交汇处，折向南过渭河，斜穿东北角极庙和西北郊一系列宫殿。整个范围以咸阳为中心，有离宫上百，直径80余千米。

如果整个区域全部算作都城的话，那当时咸阳的体量应该是汉长安城的上百倍！

考古专家认为，咸阳都城是以自然的地形作为外郭城，即整个关中地区都是它的都城；然后，它把南边的秦岭、西边的陇山、北边的北部山系和东边的崤山、黄河，作为它外部的城墙。事实上，秦在关中地区修了三百多座离宫别馆，而且这些离宫别馆之间全都用各种复道、甬道、阁道连接起来，本身就已经形成一个大的都城圈了。

今天的人们站在咸阳宫高高的夯土台基上追忆第一帝国时，不禁感慨没有秦始皇就没有统一的中国，也就没有博大恢宏的咸阳宫。

遗憾的是，秦汉经行处，万间宫阙全都化作了泥土。

不过，即使时间流逝2000多年，历史也不会忘记秦王、荆轲、高渐离、刘邦、贾谊……他们共同见证了咸阳宫乃至整个秦代的兴衰更迭。作为中国封建社会的第一个统一王朝，秦结束了长期的诸侯割据局面，完成了统一六国的事业，建成了一个以咸阳为首都的超级帝国。秦所建立的一些巩固国家统一的制度和加强中央集权的举措，如全面推行郡县制，统一文字、货币以及度量衡等，即使到了后世，仍旧广泛被不同朝代的帝王效法和借鉴。

随着考古工作取得越来越多的成果，大秦帝国的神秘面纱将被层层揭开。

## 知识链接：瓦当

又称瓦挡，中国古代建筑构件，指屋檐筒瓦前端的遮挡，起保护木制飞檐和美化房屋轮廓的作用。

瓦当主要有半圆形和圆形两种。最早的瓦当为西周遗存，是半圆形瓦当；秦汉之后，瓦当多为圆形，一般为泥质，因采用高温烧制故质地坚硬，呈青灰色。

瓦当纹饰多样，有文字和图形两种。图形常用植物纹、动物纹和几何纹等，文字多为吉祥语或宫室、官署、陵寝、仓、关等的名称，它们常随时代的审美变化而变化。瓦当上的文字，常常是历史考证的重要依据，因此历来为被学术界所重视。

秦王宫走道（横店影视城）

西安汉城湖大风阁

# 风云
# 未央宫

　　未央宫，中国西汉皇宫主要宫殿群之一，是皇帝寝宫和朝会之处。汉代尚"右"，方位以"西"为尊，故未央宫为皇室正宫、公宫。因与长乐宫东西并列，又称西宫。

　　未央宫位于汉长安城（今西安）地势最高的西南角龙首原上，公元前200年由刘邦重臣萧何监造，在秦章台的基础上修建而成，后毁于西汉末年的战火。

　　未央宫是中国古代规模最大的宫城，它在布局上讲求"前殿后寝"、正殿居中居前等特点，这种建筑形制影响了后世中国的宫城建筑，奠定了中国2000余年宫廷建筑的基本格局。

西安城市一角

## 古都长安

西安，古称长安、镐京，世界四大文明古都之一，历史上有 13 个王朝在这里建都。

"大风起兮云飞扬，威加海内兮归故乡，安得猛士兮守四方！"公元前 202 年，刘邦会合各路汉军，将项羽围困于垓下。楚军兵少食尽，夜里汉军从四面八方唱

风云未央宫

起了楚歌。项羽见大势已去，在军士的掩护下仓皇逃至乌江，终因无颜见江东父老，而自刎身亡。

最终得到天下的刘邦豪气勃发，在汜水称帝。同年置长安县，在秦兴乐宫的基础上建长乐宫。两年后，又兴建了未央宫，并迁都长安。

公元前194年，汉惠帝开始修筑长安城墙，历时五载完成，前189年建西市；汉武帝时，在城内修北宫，建桂宫和明光宫，在西面城外建建章宫并扩充上林苑，开凿昆明池，至此一代帝都长安城建成。

今天陕西省西安市西北大约3千米的郊外，在2000多年前是西汉都城长安城的所在地。作为都城，长安城是当时全国政治、经济、文化的中心，未央宫就矗立在此。

未央宫总面积5平方千米，约为北京紫禁城的6倍，约占汉长安城总面积的1/7。宫城四面各辟一门，东门和北门外有阙，宫城四角有曲尺形角楼建筑。前殿为大朝正殿，位于宫内中部；皇后居住的椒房殿位于前殿正北；还有昭阳殿、清凉殿、白虎殿等50多座宫殿建筑和天禄阁、石渠阁、麒麟阁、承明殿等文化性建筑。

047

消失的文明：宫殿

西汉末年，王莽篡权称帝，实行托古改制倒行逆施的政策，导致大规模农民起义。争战中长安城宫室市里被大火焚烧，长安城由此成为一片废墟。时至今日，人们只能从汉长安城遗址这片废墟遥想2000年前那个王朝的身影。

汉长安城遗址在西安市西北郊10千米处，遗址内夯土城墙周长25.7千米、城内面积36平方千米，城墙四面各有3门、城内有8条主要大街。

历时2000多年，汉长安城遗址的整体格局至今完整保存，它是中国目前保存有城墙、遗迹丰富、格局明确，且时代较早、规模最大的古代统一帝国的都城遗址，也是古丝绸之路的起点和发源地。1961年，汉长安城遗址被国务院公布为第一批全国重点文物保护单位。

西安汉长安城城墙东南角遗址

风云未央宫

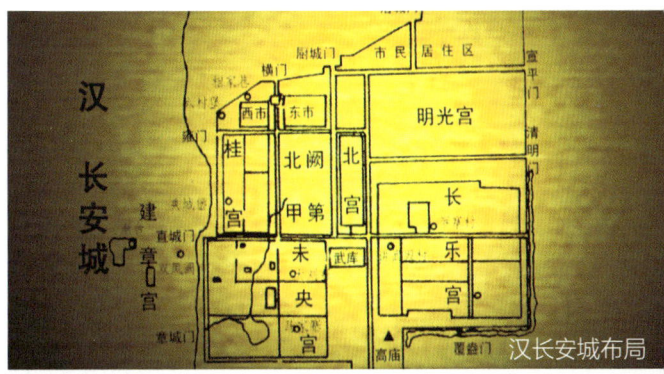

汉长安城布局

咸阳位置图

## 刘邦关中定都

秦国都城咸阳，地处关中之地，渭河流域从中穿过，沃野千里，蓄积多饶；关中四面分立着函谷关、武关等4个关塞，四面是天然地形屏障，易守难攻，可谓是一夫当关，万夫莫开。

汉代都城长安位于咸阳的长安县，在渭河南岸，与秦代都城咸阳隔河相对，这里有秦代离宫兴乐宫。刘邦将秦代的兴乐宫改建为长乐宫，居住于此，同时命丞相萧何在长乐宫的西面兴建未央宫。

消失的文明：宫殿

飘扬的汉旗

公元前202年，一个身穿布衣、一身灰尘的人，在侍卫好奇的目光中走进了刘邦在洛阳的大内。他是齐地的平民娄敬。娄敬本来正随队伍去戍边，路过洛阳，听人说刘邦在此，他便前来觐见。

刘邦望着这个衣衫破旧的人有些惊讶，他没想到娄敬是因为定都的事来觐见他。娄敬对刘邦即将定都洛阳的事侃侃而谈。

三个月前，刘邦刚刚在定陶登基称帝，对于日后定都哪里，他和大臣们已经讨论多次。大臣们的意见是定都洛阳，因为洛阳是东周的首都，有着优越的地理和经济优势，而且这里也是很多大臣们起家的地方。

没想到的是，娄敬竟然建议刘邦定都秦故地咸阳的长安县。娄敬的一番话像一粒石子，在刘邦的心里激起了重重涟漪。娄敬的一句话反复在刘邦的耳边回响：如果能够建都关中，即使华山以东纷乱，都城仍然可以保全。

"华山以东"正是刘邦最担心的地方。华山以东属于关东之地，关东自古也是富庶之地，东周的首都洛阳便在这里。

随着楚汉战争形势日渐明了，跟随刘邦起家打天下的大臣越来越拥兵自重。以韩信和彭越为首的武将，甚至要和刘邦订立"事成分地的约言"，这令刘邦深以为忧。现在，西汉政权刚刚建立，在哪里定都将直接关系到帝国基业，刘邦不能不考虑以韩信为首的武将重臣对西汉新生政权的威胁。

汉 张留侯祠

刘邦就娄敬提出定都咸阳长安的事征求大臣们的意见，却遭到大臣们的反对。大臣们仍坚持定都关东之地洛阳，理由是东周定都洛阳，王朝传了几百年；而秦朝建都咸阳，传位不过两代就亡了。

但是，留侯张良却支持刘邦定都长安，并分析了入关的种种便利。刘邦最终决定移驾关中，并于公元前 200 年从洛阳迁都长安。

风云未央宫

## 雄奇未央宫

据悉，修建未央宫时，高祖刘邦领兵在外，回京后看到萧何所定的设计图，脸色大变，质问萧何：天下汹汹，成败未可知，为何治宫室过度也？

萧何回答道，正因为天下尚未十分安定，才可以乘机建造宫室。而且，天子以四海为家，宫殿不建造得壮丽豪华不足以体现天子威严，并让后代永远无法超越。高祖听后，转怒为喜。

宫殿建成之后，刘邦的父亲被接来看看刚建成的皇宫。这位出身卑微的父亲做梦都没想到，最没出息的三儿子居然有一天能做皇上。

老爷子一进宫门，抬头就看到两座高大的阙直插云霄，他瞬间被这威风凛凛的气势震慑住了。刘邦的父亲战战兢兢地走上一阶阶高台，一步步挪近威仪的大殿，更是被眼前的未央宫前殿惊呆了。

萧何画像

053

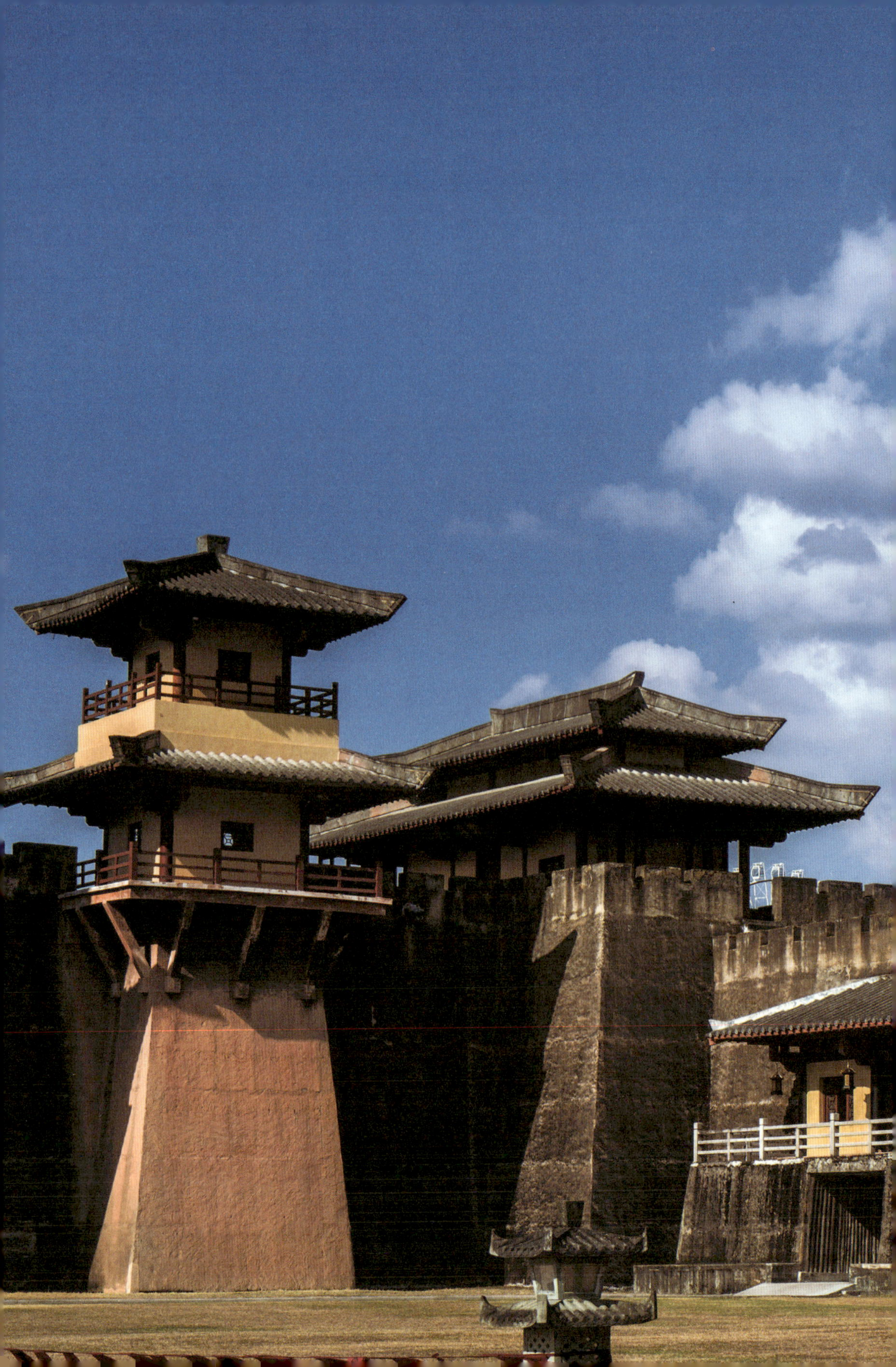

**知识链接：阙**

　　中国古代用于标志建筑群入口的建筑物，常建于城池、宫殿、第宅、祠庙和陵墓之前。阙主要有两种形式：1.双阙，两阙之间不设门，上覆屋顶，唐宋时期多用于陵墓，此后逐渐消失；2.门阙，即阙门合一，两阙之间连以单层乃至三层檐的门楼，可以在汉代石刻中见到。经宋元演变，阙至明清时成为北京紫禁城午门的形制。阙在周朝时就已出现，春秋时宫殿的正门建阙，汉代时宫殿、陵墓均建阙。后来阙逐渐演变为显示门第、区别尊卑、崇尚礼仪的装饰性建筑，如东汉时许多贵族和官僚的第宅、祠、墓也建阙，以志官爵和功绩。

湖北省枣阳市汉城影视基地

消失的文明：宫殿

未央宫（复原图）

未央前殿究竟是什么样的?

据汉代地理学著作《三辅黄图》记载,前殿以木兰为栋橑,以杏木做梁柱,屋顶橑头贴有金箔片。门扉上有金色花纹,门面有玉饰,装饰有鎏金的铜辅首,镶嵌着各色宝石。回廊栏杆上雕刻着清秀典雅的图案,窗户上雕饰着古色古香的花纹。

殿前左为斜坡,可乘车上;右为台阶,可拾级而上。础石上耸立着高大木柱,地面是紫红色的,壁带金光闪闪,间以珍奇宝石。

人们不难想见未央宫有多么雄奇。可惜的是,2000年前的未央宫,如今成为一片荒寂的原野,它的城墙在地面上已经看不到遗迹。

从20世纪60年代开始,考古专家们开始了对西汉皇宫未央宫的系列考古发掘。据考古发现,未央前殿遗址高出地面1米至十几米的台基,是长安城遗址中的最高处。

史书记载,2000年前的未央前殿是以龙首山的丘陵为殿台,加工夯筑的。可见,未央宫仍旧沿用战国以及秦代时流行的高台建筑形制。

为了弄清未央宫的面积,考古专家对埋在地下的城墙遗迹进行了钻探,结果令人惊讶。这座已化为废墟的皇宫,周长8800米,有5平方千米的面积,约有北京故宫的6倍之大。这就意味着,未央宫是中国古代规模最大的宫城。

## 消失的文明：宫殿

关于未央宫的修建，史籍并无明确详细的记载。从史籍零星的描述中，人们得知，未央宫在高祖刘邦时建成，到刘邦的儿子惠帝时，长安城才建成。此后，惠帝将长乐宫改为太后之宫，而自己则迁居到未央宫，从此未央宫正式成为西汉皇帝处理政事的地方。

皇帝登基、接受朝谒等重大活动，都在未央宫前殿举行。武帝时张骞出使西域，元帝时昭君和亲匈奴，也都是从这里出发。

西汉末年，王莽篡位，绿林军、赤眉军先后攻入长安，火烧宫室市里，长安城被毁。后来，东汉迁都洛阳，刘秀下诏"修西京宫室"。隋唐时期，整

汉高祖刘邦雕像

风云未央宫

个汉长安城被划入禁苑范围，直到唐昭宗被裹挟迁都洛阳后，史书中才再也不见未央宫之名。

考古钻探发现，未央宫前殿基址是南北约350米、东西约200米的夯土墩台。前殿台基上由南向北排列着三座大殿和高居北部的附属建筑后阁。

大殿中间的宫殿是未央宫前殿的正殿，在前殿的北面，是西汉除刘邦之外的各个皇帝的正寝，称"宣室殿"。这里也是皇帝办公的便殿，皇帝经常在宣室殿召见大臣，讨论大政，即使是皇亲国戚也不能随便进入。而后阁则是皇帝下朝以后临时休息和换衣服的地方。

未央宫前殿遗址

未央宫遗址

当年壮观的未央宫，现仅存留下一个台基和两个大柱础石，当今的人们只能从仅存的遗迹遥想当年未央前殿的规模。

柱础石由花岗岩制作而成，体积很大，南北1.2米、东西1.1米，柱础石顶面呈不规则形，中间比较平，是栽立柱子的地方，由此可见柱子之粗大，说明宫殿建筑的承重量很大，而整座宫殿建筑的雄伟壮丽也可就此窥见一斑。

中国历代宫廷建筑，多遵循"前朝后寝"的布局规则，最早关于这一规则的记载见于《考工记》，上有记载：周

风云未央宫

代帝王的宫殿，已经分为处理政务的前朝和生活起居的后寝两部分了。

因此，未央宫前殿是一个政治性建筑，是政治活动的平台——皇帝的办公大殿要在最前面，位置也要最高，这方能体现皇帝的权威。

未央宫作为国家都城的政治中枢，它的三大殿布局持续影响了此后2000多年，一直延续到中国封建社会临近尾声时的明清皇家宫殿——故宫，也由此奠定了此后宫廷建筑的基本结构。

## 知识链接：柱础石

也称柱墩、柱脚石、柱顶石，是古建筑中重要的石材构件。主要放在大殿木材柱子的下面，做石头底座，目的是提高柱子的承受力，同时起到稳固房屋的作用。之所以选用石材做柱础石，是为了更好阻止地面的潮气上升，对木柱能起到保护、防腐的作用，也可以有效阻止对底部的磕碰。

未央前殿内部（复原图）

未央前殿遗址遗存的柱础石

061

中国自古以来就有"尚中"的思想。中即正，讲究为人处事以及言行要恰如其分、不偏不倚、无过犹不及，符合中正之道。这种观念得到儒家中庸思想的肯定和发展。

从建筑形制上看，天子居中心至尊之位，也就意味着替天行道、行事正大光明。最早贯彻这一"择中"原则的是周朝的王城，后来各个朝代都承袭了周朝"尚中"的思想。有意思的是，古代宫城，也就是筑有城墙的皇宫，也称"崇方"，这也是"尚中"思想的一种体现。

根据考古钻探结果，专家们发现未央宫的布局呈方形，

正体现了中国古代宫城建筑"择中""崇方"的观念。

考古专家发现，未央前殿正好位居未央宫的中间，因为在它向东、西、南、北各1200米的地方发现了宫墙。这就是说，皇帝的办公大殿未央前殿是择中而建的，崇尚方形的建筑形制也是从这个时代开始的。

未央宫"择中""崇方"的建筑特点，是汉高祖刘邦在建筑皇宫时打下的皇权烙印，他们希冀通过建筑来延续他们王权永续的梦想。

陕西汉中兴汉胜境景区夜景

消失的文明：宫殿

## 知识链接：天圆地方

  天圆地方一词最早出现于春秋战国时期，是阴阳学说宇宙观的体现。天与圆象征着运动，地与方象征着静止，两者结合则阴阳平衡、动静互补。

  中国传统建筑讲究天圆地方，如北方常见的四合院，"四"为"四方"象征"地方"，"合"为"闭合"象征"天圆"。再如北京的天坛和地坛，天坛祭天，故天坛建筑为圆形，圆丘的层数、台面的直径、四周的栏板，都是单数，即阳数，以象征天为阳；地坛祭地，故地坛建筑为方形，四面台阶各八级，都是偶数，即阴数，以象征地为阴。

北京地坛公园土庙

西安钟楼夜景

　　或许，2000多年前的月夜，刘邦站在未央宫前殿，望着头顶的星空和眼前的宫殿，心中一定豪情万丈。未央宫的"未央"二字，就源自"夜如何其？夜未央"，取的正是"未尽"之意。眼前金碧辉煌、一望无际的未央宫，在刘邦看来，象征的正是永不衰落的皇权。

　　但是考古专家们没想到，平民出身的皇帝刘邦居然还用另一种手段，在皇宫的地下，延续着他帝业无尽的春秋大梦。

　　考古专家在未央前殿的北部发现了皇后宫殿椒房殿遗址。它由三部分组成：正殿、配殿和附属房屋

椒房殿遗址

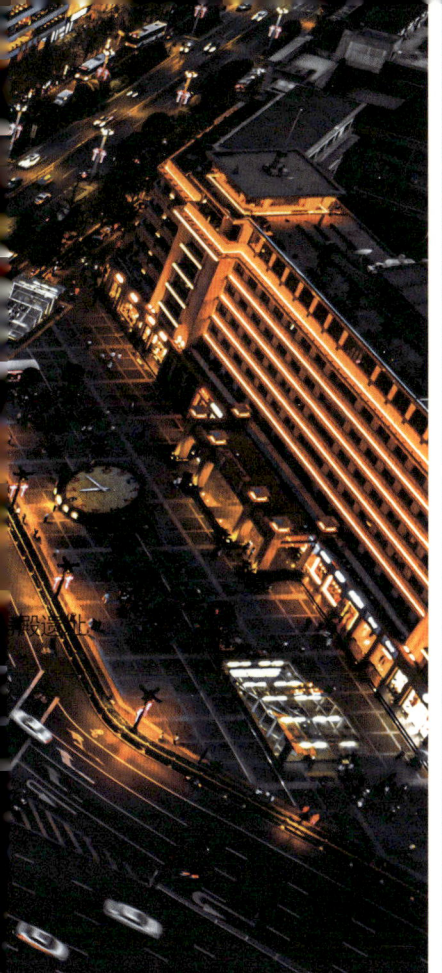

建筑。椒房殿与皇帝的大朝前殿一样，也是坐北朝南，由正寝和燕寝两部分组成，与未央前殿同制。椒房殿的配置和布局，显示出皇后一人之下万人之上的权力。

史籍描述了椒房殿的华丽和精美：用花椒和泥涂在墙壁上，使屋内散发出清香。张衡以形象的笔触描绘了未央宫的后宫区："昭阳飞翔""兰林披香""金釭玉阶，彤庭辉辉""珍物罗生，焕若昆仑"。然而就是在这样一个温软含香的世界里，却充满了膨胀的欲望。

在椒房殿，考古人员发现了大量瓦当。汉代瓦当受秦的影响以圆形居多，瓦当纹饰有文字、动物、植物及云纹等。椒房殿出土了大量刻有"长生无极"的文字瓦当，"长生无极"有"万寿无疆"之意，属颂祷之辞，往往用在高等级的后宫宫殿中。可见，在古代即使是不起眼的瓦当，也有着严格的等级之分。

风云未央宫

## 知识链接：椒房殿

　　西汉都城长安城未央宫后殿建筑群，为皇后所居之所。之所以命名为椒房殿，是因为宫殿的墙壁是用花椒粉末和泥粉刷而成，具有保暖功能，且有芳香味道能防虫，可以很好地保护宫殿的木质结构，同时也取花椒多籽（即多子）之意。椒房殿正殿坐北朝南，殿前设有双阙，可见其建筑规格之高。

椒房殿出土的瓦当

汉高祖刘邦（中）雕像

## 削除异姓王

汉高祖时期，刘邦和妻子吕后一直居住在长乐宫。虽然此时刘邦已君临天下、建立了汉朝，但他总感觉座下的皇位并未坐稳。为稳固统治，他一边建章立制、休养生息，一边有意削除异姓诸侯王。

公元前195年，刘邦正在邯郸与反叛的赵国相国陈豨作战，没想到韩信又在这个节骨眼准备谋反。

一人向吕后告发淮阴侯韩信将要在关中谋反，吕后异常愤怒。韩信握有重兵，一直以来是丈夫心头的隐忧。此时的吕后显示出富有谋略的一面，她立即召见了萧何询问解决之道，萧何献出一计——诱杀韩信。

萧何登门告诉韩信，陈豨已经被刘邦捉住，大臣们都要去吕后面前道贺。韩信没想到自己与赵相国陈豨相约反叛，还没等自己起兵，陈豨已兵败。久已装病不朝的韩信，并不知道这个消息的真假，只好随萧何进入长乐宫。

此时韩信并不知道，死亡正在一步步向他逼近。他随萧何走进长乐宫，一丝异样的气氛让他瞬间紧绷和焦灼起来：长乐宫里并没有喜庆的气氛，相反，到处排列着全副武装的卫兵，难道陈豨被捉的消息是假？就在这时，两个卫兵突然扑向韩信……

刘邦平定陈豨的叛乱后，带着箭伤回到了京城。吕后向刘邦述说了杀死韩信的经过：她将韩信装在麻袋里，让兵士用竹子活活把他戳死了。

吕后为什么要这样做呢？

原来，因为韩信在刘邦建国的过程中立有大功，于是刘邦与他约定：见天不杀、见地不杀、见铁器不杀。所以，吕后才想出了这样的办法，除掉了一块心病。得知韩信已死，刘邦内心是"且喜且怜"，十分复杂，异姓王的困扰逐渐消除。

不过望着吕后渐渐远去的背影，刘邦隐约感觉到这个女人心中的欲望太过强大，内心又升起新的不安与担忧：吕氏家族势力

日渐庞大,是时候遏制一下了。

这天,考古发掘进行到了椒房殿的配殿区,竟然在椒房殿的地下有意外发现。此刻他们还不知道,西汉的宫廷斗争早已在未央宫的建筑里打下了烙印。

在未央宫椒房殿的配殿区,考古专家们发现了秘密通道,这在之前的考古史上绝无仅有。这些通道都用方砖铺地,分布于椒房殿配殿区的地下,与宫殿相连。

多次经历古代都城考古的专家,从来没有见过在宫殿下建筑的秘密通道,他们不禁疑惑:西汉帝王为什么会在后宫建秘密通道呢?

西安汉城湖大汉雄风雕塑

就在考古人员疑惑不解的时候，从未央宫西部的皇太后宫殿——长乐宫考古现场，传来了一个令人震惊的消息：长乐宫也发现了秘密通道；紧接着在未央宫后宫区的后妃宫殿——桂宫也发现了秘密通道。

长乐宫建在未央宫之前，是刘邦在秦朝兴乐宫的基础上

长乐宫发现秘密地道

改建的。看来在改建长乐宫之初，刘邦就已经打算建秘密地道了。

考古专家推测，刘邦之所以修筑秘密通道，与他所处的时期和经历有关。作为开国之君的刘邦，最担心的是帝国的稳固，那么修建这些秘密通道自然与他最为在意的江山社稷密切相关。

日渐衰老的刘邦内心曾犹豫不决，到底是把皇位传给宠姬戚夫人的儿子刘如意，还是传给吕后所生的太子刘盈呢？

箭伤日重，刘邦知道自己时日无多。他曾经几次想废太子刘盈而立刘如意，均遭到张良、叔孙通等众大臣反对，而未能实现。

这天，未央宫中正摆酒宴。四位白发苍苍的老人前来朝见，刘邦大感意外。原来，这四位就是赫赫有名的商山四皓。刘邦建国后，一直想请这四位高人辅佐自己成就帝业，却多次遭到拒绝。没想到，他们竟然愿意出仕辅佐太子刘盈。

刘邦画像

消失的文明：宫殿

突然出现的商山四皓，让刘邦内心凄凉，吕后将商山四皓请来辅佐太子，这让刘邦放弃了废太子的想法。刘邦伤感异常，他能预感到戚夫人母子未来的悲惨结局，但为了维护刘氏政权的稳定与久远，他只能牺牲个人的感情和爱姬的生命。

刘邦目送四皓和刘盈离去，面对戚夫人的哀哀泣涕，怆然说"为我楚舞，吾为若楚歌"，遂作《鸿鹄歌》：

鸿鹄高飞，一举千里。
羽翮已就，横绝四海。
横绝四海，当可奈何？
虽有矰缴，尚安所施？

## 风云未央宫

刘邦借《鸿鹄歌》暗喻太子继位已是大势所趋，而戚夫人欲立己子赵王如意之念只能落空。

只是让刘邦没有想到的是，吕后竟然这么心狠手辣。

公元前 194 年，刘邦崩于长乐宫。刘邦死后四天，吕后就与大臣审食其秘密策划了一场阴谋。太子刘盈刚即位为惠帝，戚夫人就被吕后借口迫害，割断手脚做成人彘，最终扔到猪圈。年轻的惠帝有心想护一下赵王如意，却苦于手无实权，最终赵王还是被吕后杀害。

此后几年，吕后专权，一边大肆屠杀异姓和刘姓诸侯，一边分封吕姓诸侯。从吕后开始，汉王朝埋下了女主祸政、外戚干政的隐患。

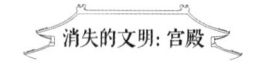

结合汉代历史，考古专家豁然开朗：2000多年前，未央宫后宫里的皇后和妃嫔们，或许正是借助这些地道，和外戚们进行着不可告人的政治活动。

后妃的宫殿，是后妃们参与政治活动的平台。而皇帝想要通过后妃拉拢外戚势力，得到后妃家族势力的秘密支持，地下秘密通道无疑是最好、最隐秘的。

可惜的是，一代帝王刘邦机关算尽，本想借助外戚的力量使江山永固，可万万没想到，这无尽的地道也助长了西汉后宫妃嫔们无尽的欲望，她们效仿吕后，在权力的舞台上，你方唱罢我登场。

## 外戚干政

未央宫继承了夏商以来的宫城形制，以宫殿建筑群为中心，突出主体建筑。其中，最为宏伟的建筑就是皇帝的办公大殿未央前殿，它在未央宫最居高居前的位置。

未央前殿有多高？考古发现，它的土台高出周围地面15米，而周围地面比原地面还要高出1~1.5米，可想而知2000多年前未央前殿的雄奇和壮丽。至于居前，未央前殿跟北京故宫的太和殿很像，前面都没有任何其他建筑。

风云未央宫

吕雉弄权

汉代跪坐陶俑

汉 长安城未央宫遗址

未央宫由高祖刘邦初建，之后由西汉诸帝修补增筑，到两个世纪后的汉武帝时期，未央宫的规模已经十分庞大，殿台楼阁达40多座，殿门81座；而长安城也成为可与当时罗马相媲美的世界性大都会。

西汉王朝的强大缔造了规模宏大的未央宫，它的建筑艺术影响了后世中国的建筑，也成为西汉王朝一个强有力的划时代标志。

公元前89年的一天，汉武帝突然斥责自己一直宠爱的钩弋夫人，并将其打入狱中。事过不久，钩弋夫人年幼的儿子刘弗陵就被立为太子。刘弗陵虽是汉武帝的幼子，但年少聪慧，武帝对他十分喜爱。太子刘据死后，汉武帝一直想要立弗陵为太子，唯担心弗陵年幼，会有后宫辅佐幼主、祸乱朝政的危险。最终，汉武帝为了王权安危，亲自导演了"母死子立"这一幕。

汉武帝执政时深受祖母和母亲掣肘之苦，所以晚年的汉武帝对之后西汉王权的未来忧虑不已。这位英明的帝王和高祖刘邦一样，为汉王朝可谓殚精竭虑。

但外戚干政已经像决堤的口子，溃不可挡。公元8年，也就是新朝初始元年，外戚王莽让自己的儿子在未央宫逼迫太皇太后交出了玉玺。王太后万万没想到，自己费尽心机亲手提携起来的侄子王莽，竟然有一天要与自己争权。

公元9年，王莽称帝。未央宫的命运即将走到尽头。

风云未央宫

汉武大帝雕像

帝大武汉

## 知识链接：奇女钩弋

据说汉昭帝刘弗陵的生母赵氏，天生双手握成拳状，十多岁依然不能伸开。这天，汉武帝刘彻到河间巡视，有方士观天象说此地有奇女，寻之正是双手紧握成拳的赵氏。

好奇之下，汉武帝伸出双手轻轻一瓣，少女的手便被分开了，在其手掌心里还紧紧握着一只小玉钩。随后，此女子就被汉武帝带回皇宫封为婕妤，称拳夫人，后来也称钩弋夫人。

有人猜测，赵氏双手握拳是小儿麻痹所致。不过这不能解释为何汉武帝能轻松展开她的手，且其手里还握有玉钩。

也有人猜测，赵氏握拳藏钩其实是众官员取悦汉武帝、借机进献美人的一出好戏。

钩弋夫人画像

## 少府遗址

这天，考古专家在未央宫西北角一座建筑的半地下房屋内清理出许多封泥，数量竟达上百件之多，上面都印有"汤官饮监章"字样。

在古代，"汤官"是专门负责供应饼、果实等饮食的职官，隶属于少府。因供应的是皇帝的吃食或皇宫宴饮，因此食物安全尤其重要，而监管的主要职责就是对皇宫的饮食安全起监督作用。当时，从少府里拿出的东西，都会贴上封条并盖章，装入器皿封印时也要在结扣上封以黏土并盖章。如此，封印的黏土块就被称为封泥。

少府是汉代九卿之一，它是皇室的总管，除专管帝室财政外，还兼管皇帝的秘书、膳食等事务。通俗地说，就是少府掌管着未央宫里的吃喝拉撒。

汤官饮监章的出现，说明这里无疑就是少府或少府所辖的官署建筑了。

汤官饮监章的出土证实了专家的推测：他们所发掘的这个分布在未央宫西北部的四号建筑遗址，应该就是未央宫的少府官厅遗址。这个遗址东西长110米、南北长58米，散乱着大型砖、柱础石以及五角形给水、排水管，从中可见少府之大。

少府位置示意图

出土的汤官饮监章

消失的文明：宫殿

未央宫少府遗址

　　从考古基址可以看出，少府遗址延续了皇室的建筑布局，都是主体建筑"择中""居前"。少府遗址是距未央前殿和椒房殿遗址最近、规模最大的宫殿建筑群遗址，主要殿堂和房屋地面都铺置地板，这在以往的古代建筑遗址发掘中较为少见。

　　西汉时期少府机构众多，职司范围甚广。作为皇室总管，少府除负责皇宫供养外，还掌管着帝室的财政。帝室财政的财源来自山海、湖沼等自然资源的税收，市场的税收以及儿童人头税的口赋等。虽然盐、铁也是自然资源，但武帝实施专卖制以后，移交给了掌管国家财政的大司农。皇帝、其他皇室成

员及后宫女性等的生活费，都是从少府收入中支出的。

在少府遗址中，考古人员还发现了大量的王莽货泉，这证明少府建筑在王莽时期还曾存在。而这些钱都是用绳子串好的，基本没有动用过。专家推测，它们应为某个机构的办公经费，属于流动资金。

遗憾的是，未央宫少府建筑最终毁于王莽末年长安城中的战火。在发掘这座建筑时，考古专家发现了大量红烧土，说明许多砖瓦曾被烈火烧结成流渣状。

盐

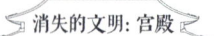

## 知识链接：王莽货泉

王莽篡夺天下后共在位13年，却先后进行了4次币制改革，后世将这个时期的钱币通称为"莽钱"。"货泉"是新朝在天凤元年（公元14年）第四次币改时铸行的一种钱币，除此还有"货布"。

当时的人们之所以称圆形的货币为"泉"而不是"钱"，是为了避讳。西汉从汉武帝元狩五年（公元前118年）开始一直流通五铢钱，王莽改制后因其对"刘"姓反感，而

王莽货泉

风云未央宫

繁体字"劉"由卯、金、刀三字组成，故凡碰到有关联的字都要禁止。"铢"字因从金字旁，故这种货币就被废掉了。而"钱"与"泉"在古音上相通，且货币是流通物，就好像泉水一样是流行、流通的，所以人们就用"泉"来代"钱"。

有意思的是，新莽时期的币制改革并不成功，但王莽货泉却因制作精良，被后人视为一种珍贵的货币品种，为"钱绝"之首。

王莽画像

消失的文明：宫殿

## 刻在骨签上的秘密

1986年春天，考古人员在汉长安城内的前殿遗址西北850米处钻探出一座大型建筑遗址。考古人员进行了试探，仅开了两个探方，就出土了数百片像是饰品的小骨片。

一开始，这些骨片并未引起考古人员的注意，但清洗掉土锈后，骨片上竟然显现了文字，这可是一个重大的考古发现。

更让考古人员惊喜万分的是，整个建筑遗址全面发掘清理工作

汉代兵马俑

结束后，共计出土了 6 万多片骨签和上千件其他物品。考古人员意识到，这些骨签极有可能不是饰品。

骨签多是牛骨制成，完整者长约为 5~7 厘米，宽 2~4 厘米。骨签上刻的字很小，考古专家需要仔细辨认，有的甚至必须借助放大镜才能辨认出来。

骨签上的刻字最少 1 行，多则 4 行，刻字少则二三字，最多的竟达 44 个字，考古专家形容它们为"微型胶卷"。

经过大量繁复的辨认归类工作，专家发现，骨签上所刻内容都是西汉时期的，早的能到汉文帝甚至更早一些时候，晚的到西汉晚期。

出土的骨片

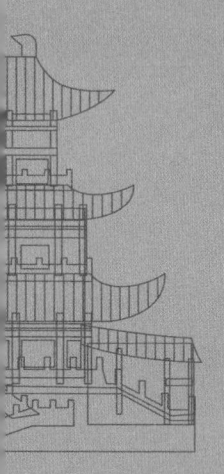

考古专家试图通过骨签上刻着的微型字迹，探明它们所隐藏的秘密。

专家将这些骨签上的文字大致分成了两类：一类多为物品代号、编号、数量、名称、规格等，如"服弩力八石""力一石""第三万二千三百六十四"等；另一类多为年代、工官或官署名称、各级官吏和工匠的名字等，如"天汉三年河南工官令醉守丞喜作府啬夫开工尧充""五凤二年龙雒侯工□缮"等。

在2000多年前，人们都是借助木简来书写的，那么为何要费尽力气在坚硬的骨头上刻下的文字呢？

经过仔细研究，考古人员发现骨签上记录的内容都跟武器相关。"兵者，国之大事也"，毋庸置疑，它们一定是想保存一些秘密或者极其重要的内容。从文字上不难发现，这些武器多出自河南工官、颍川工官、南阳工官，《汉书》称为"三工官"，是专门为官府军队生产制作兵器的。

再联系这些骨签的出土位置，多集中分布在房屋的墙体旁边，且大部分是在房屋内的。专家推测，这些骨签应该是放置在这些房间里靠墙而立的架子上的。专家进一步猜想，或许这些架子是分门别类的，就像现今的档案馆一样，而这些骨签则是被作为秘密档案保存下来的。

风云未央宫

未央宫角楼出土的兵器

未央宫角楼遗址

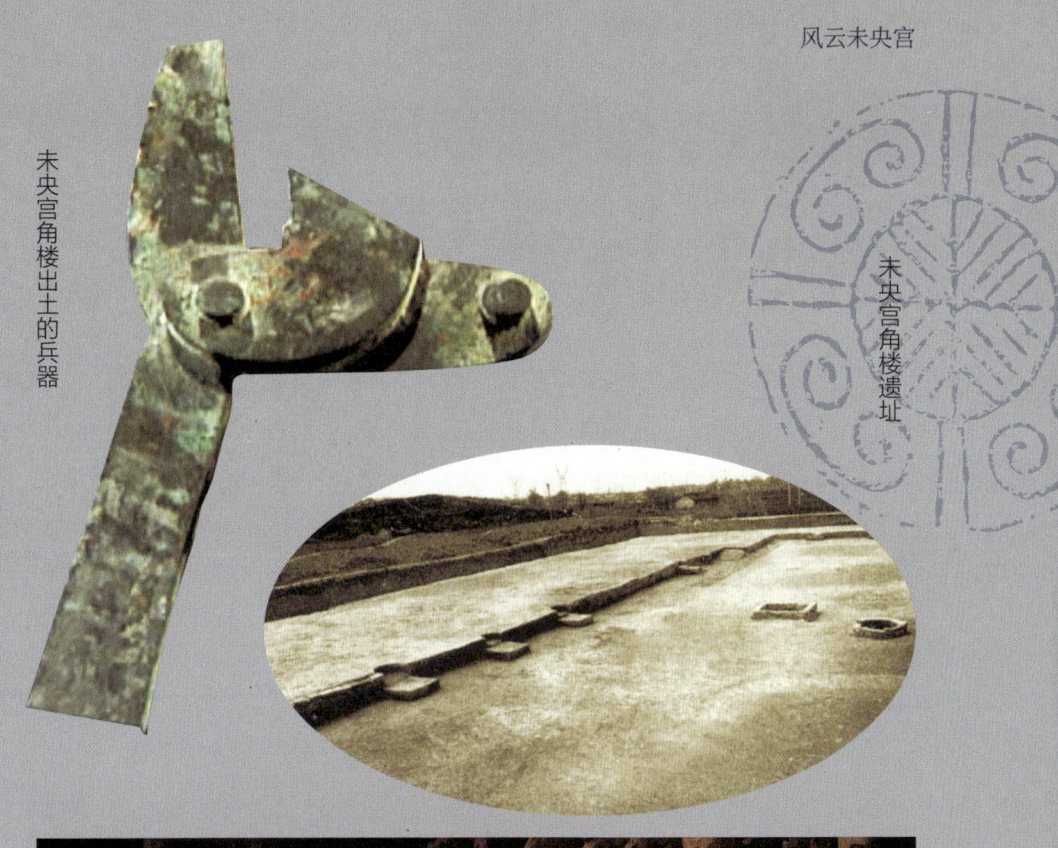

汉代兵马俑

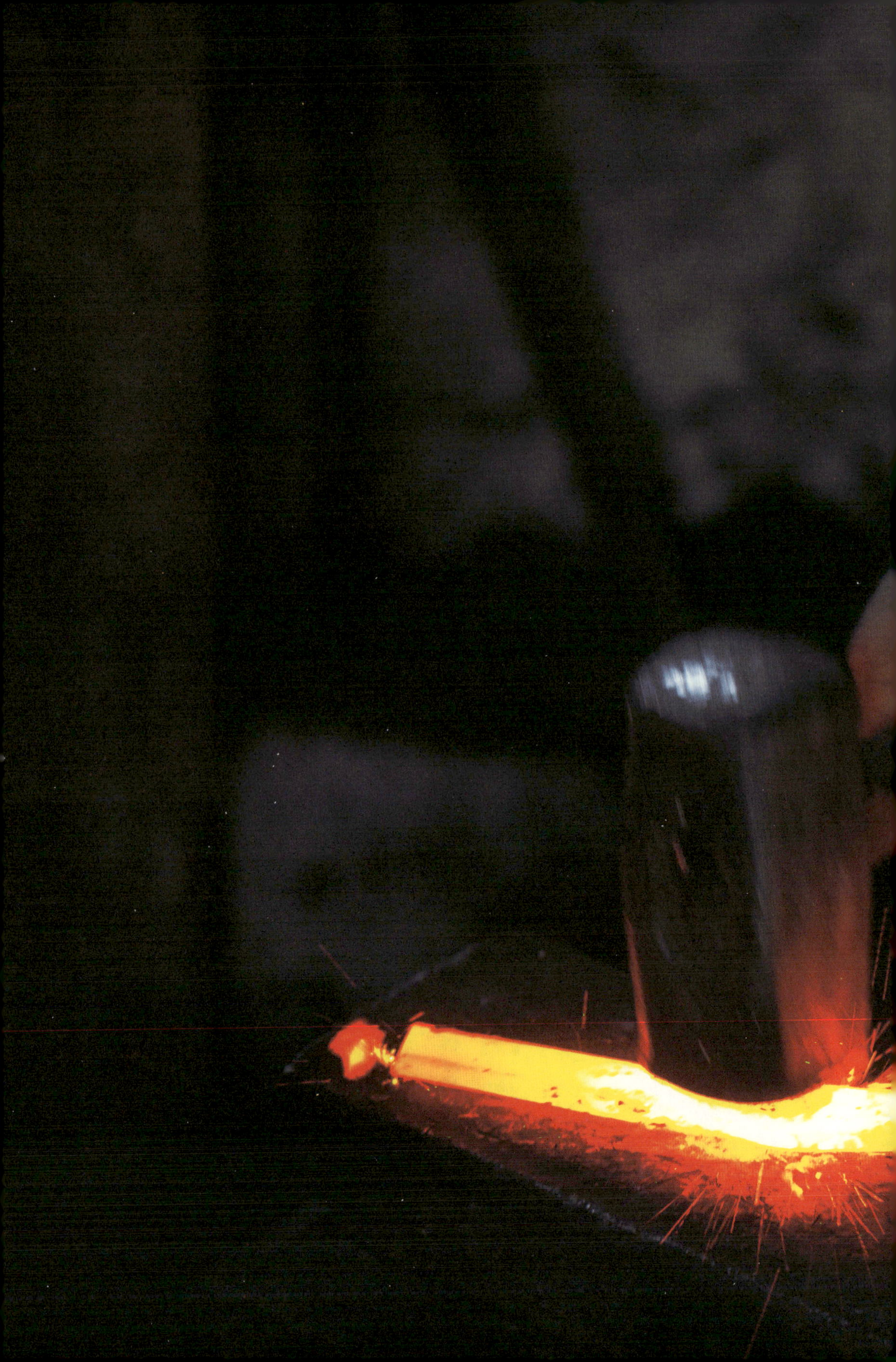

铁匠打铁

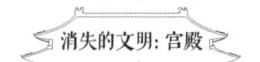

由此考古专家断定，这组宫殿的主要职能，就是收藏作为国家或宫廷档案的骨签，它们无疑就是中央官署遗址了。

这些骨签意义非同一般，它们是设在地方的工官向皇室和中央上缴各种产品的记录，是西汉王朝中央政府备查的重要文字资料。作为中央档案，它们既可作为完成产品质量跟踪的凭证，也便于中央主管部门掌握各地工官以及"供进之器"的情况。它们的出土，被誉为汉代考古的重大发现。

对历史学家和考古专家而言，它们的发现还带来另一大惊喜。诸如《二十四史》《史记》《汉书》之类的汉代官书，都只记述了省部级以上干部的变迁和省部级以上的政治机构的一些架构，但有关县处级、科级、乡级的内容几乎没有记载。而这批骨签的出土和发现，恰恰将工官中县处级、科级、乡级的内容呈现了出来，弥补了历史上的一大空白。

那么，骨签上记录的上供兵器去了哪里？自然是大多用作了都城和宫殿的安保。

汉代中央官署遗址

西安汉城湖雕像

陆续挖掘出的未央宫角楼也证实了这一点。角楼遗址出土了大量剑、矛、弩机、镞、弹弓等兵器，这些应该都是当年守卫士兵的武器。可以想见2000年前的未央宫戒备是多么森严。

## 风云未央宫

张衡在《西京赋》描述了长安城的守卫："徼道外周，千庐内附，卫尉八屯，警夜巡昼。"然而，即使是如此严格的军事保卫，仍未能让未央宫逃脱被毁灭的厄运。

王莽新政几个月之后，农民起义军攻进长安城。王莽被火逼至未央宫掖庭，终被起义军杀死。未央宫遭大火的焚烧，此后日渐衰微。

几百年后，唐代诗人李白望着咸阳古道、西风残照，写下词《忆秦娥·箫声咽》：

箫声咽，秦娥梦断秦楼月。秦楼月，年年柳色，灞陵伤别。

乐游原上清秋节，咸阳古道音尘绝。音尘绝，西风残照，汉家陵阙。

未央宫，曾经巍峨雄奇的宫殿建筑群，西汉都城长安的最高点，汉王朝的政治中心，就这样湮没在了时间的长河中，只留下世人无尽的追思和长长的叹息……

陕西咸阳汉景帝阳陵南阙门遗址

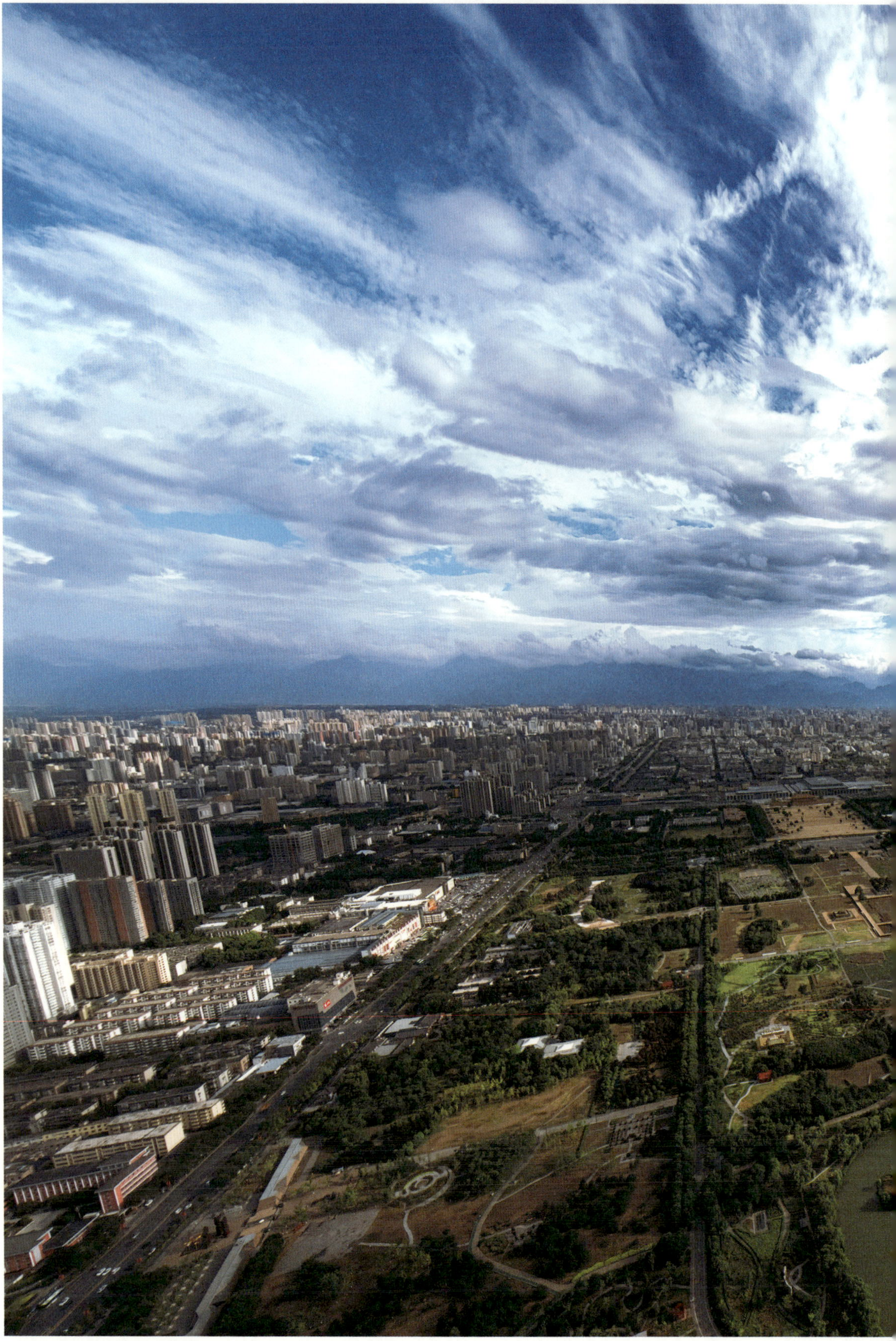

# 大明宫遗恨

　　大明宫，曾名永安宫、蓬莱宫，又称东内，为唐长安城（今西安）三座宫城之一，规模大于太极宫和兴庆宫，被誉为"中国宫殿建筑的巅峰之作"，有"万宫之宫""东方圣殿"之称。

　　大明宫创建于唐太宗贞观八年（634年），唐高宗时又进行大规模营建。宫殿占地面积约为2.95平方千米，相当于北京紫禁城的4倍多。高宗龙朔三年（663年）起，大明宫成为唐代皇帝主要居住和听政之所。唐代21位皇帝中，有17位在大明宫处理政务。大明宫存世222年，毁于唐代末年的战火。

大明宫国家遗址公园

## 唐太宗始建大明宫

唐朝，一个辉煌灿烂的时代；长安，一个盛世繁华的都市。它们的中心，正是承载着大唐瑰丽梦想的大明宫，这里曾让世界倾倒，也为后世留下无尽猜想和千古遗恨。

今天的西安，以其十三朝历史古都的独特魅力吸引着世界各地的游客。西安，古称镐京、长安，地处关中平原中部、北濒渭河、南依秦岭。在历史上，西安（含咸阳）作为首都的历史就有1216年，可谓是名副其实的千年古都。据统计，从西周到秦汉有5朝：西周、秦朝、西汉、新朝、东汉（汉献帝）；

西安城

　　魏晋南北朝时期有6朝：西晋（晋愍帝）、前赵、前秦、后秦、西魏、北周；再就是隋和唐两朝，都在这里建都。直到今天，西安还有我国现存规模最大、保存最完整的古城墙。

　　位于西安市北郊的龙首原上的大明宫遗址公园，正是大唐著名宫城大明宫所在地。站在这西风残照的废墟上，人们很难将这些断垣残壁与唐代举世无双的大明宫联系起来。

　　大明宫，这座中国建筑史上的经典之作究竟是何等模样？曾经气吞霄汉、傲立世界东方的皇宫又是如何消逝的呢？

103

历史就如同这片沉睡千年的废墟，期盼着世人揭开尘封的灰烬，去触碰大明宫的余温。

史书记载，大明宫的兴建，源于唐太宗时的监察御史马周进呈的一份奏章，旨在为太上皇李渊修建一座新的宫殿，这其实是唐太宗的授意。唐朝建立初期，所住宫殿仍旧是隋朝所建的大兴宫（唐睿宗时改称为太极宫），因其所在位置正是长安城地势的低洼处，所以夏天潮湿燥热。

随着国库日渐充盈，唐太宗想要专门为父亲修建一处行宫避暑，以全自己的孝心。

晚年的太上皇李渊一直郁郁寡欢，玄武门之变是他心中挥之不去的痛。因争夺权力，李渊的几个儿子兄弟相残，虽然唐太宗最终站在了权力顶峰，却不得父亲欢心，父子二人形同陌路。父亲整日避于居室、沉迷于琵琶弹奏当中，这让唐太宗内心难安，他不仅要建立一世功业，也希望拥有孝子的名声。

大明宫创建于太宗贞观八年（634年），是李世民为父亲李渊修建的夏宫，即避暑用的宫殿。遗憾的是，宫殿尚未建成，李渊就在第二年驾崩了。夏宫营建工程也因此停止。

唐太宗李世民画像

玄武門之變

《玄武門之变》书影

## 知识链接：玄武门之变

唐高祖武德九年（626年），唐高祖李渊次子李世民在太极宫玄武门发动的一场争夺皇位继承权的政变。

公元618年，李渊称帝建立唐朝，立长子李建成为皇太子。次子秦王李世民功勋显赫，又握有实权，但限于次子身份不能继承皇位。因此十分不满。而太子得到四弟李元吉的支持，显然在竞争中更占优势。

公元626年，突厥数万骑侵扰边塞，太子举荐由李元吉率军出征，以免世民掌握兵权；不仅如此，两人还密谋调出秦王府的精兵骁将，试图削弱李世民的力量。

得知消息后，李世民与亲信房玄龄、长孙无忌等策划，抢先在玄武门内伏杀二人。六月初四这天，太子和李元吉上朝行至玄武门，被伏兵先后诛杀。随后，李世民的手下大将尉迟恭披甲持矛入宫，请李渊下令由秦王节制诸军。六月初七，李世民被立为皇太子。两个月后，李渊退位为太上皇，李世民登基成为唐太宗。

唐高宗和武则天雕像

大明宫的复建，与中国历史上唯一的女皇帝武则天有关。

655年，作为先皇妃子的武媚娘，成了唐高宗李治的新皇后。武媚娘即武则天，这个中国历史上空前绝后且最具争议的人物，既集美貌与智慧于一身，又拥有着超常的胆识和气魄。千百年来，人们对她的评价毁誉参半，有人认为她狐媚惑主、工于心计，有人认为她雄才伟略、功高盖世。她不仅以皇后身份参与政事处理，在高宗去世后临朝称制，后来甚至自立为帝，成为中国历史上唯一的正统女皇帝。而死后，她却不愿对自己做出任何评价，只留下一块无字碑任人评说。

大明宫停建20多年后，即660年的一天，唐代声名显赫的宫廷画家阎立本接到皇后武则天的紧急诏令，她想修建一座新的宫殿。

史书记载，唐高宗李治身体羸弱，患有严重的风痹病，备受病痛折磨的唐高宗再也不愿居住在潮湿的大兴宫了。

在男权主宰的封建王朝，李治公然将朝政大权交给皇后掌管，他不仅很宠爱自己的妻子，而且还十分欣赏她的政治才能。唐高宗末年，曾下诏想要逊位，称自己不愿意当皇帝了。

帝位怎么办呢？李治一不交给儿子，二不交给众位大臣，而是想将帝位交给自己的皇后。当时朝野一片哗然，众臣们竭力反对，这件事才就此搁浅。

而每天处理完政务之后，对丈夫病痛心惜的武皇后，想的就是怎么缓解丈夫的病痛。太极宫低凹潮湿，李治的风疾日益加重，只有住到地势高敞、阳气旺盛的地方才有利于病情好转。

在太极宫里的紫微宫，武皇后将目光投向了长安城里地势最高的地方、太极宫后苑东北部龙首原上停建多年的建筑——大明宫。一项空前绝后的工程构想展开了蓝图。

武皇后本人，也急于离开太极宫。这座宫殿对她来说，盛

大明宫遗恨

放着太多血腥而又痛苦的回忆。早年为了生存更为了权利，武媚娘精心策划，不但杀死了高宗的原配王皇后和宠妃萧淑妃这两大劲敌，还杀死了自己的亲生女儿。

在她披荆斩棘成为皇后之后，这些披发沥血的冤魂变成了挥之不去的黑色梦魇。也许，远离太极宫，才可以远离噩梦。

在武皇后的操持下，662年春天，大明宫开始重建。

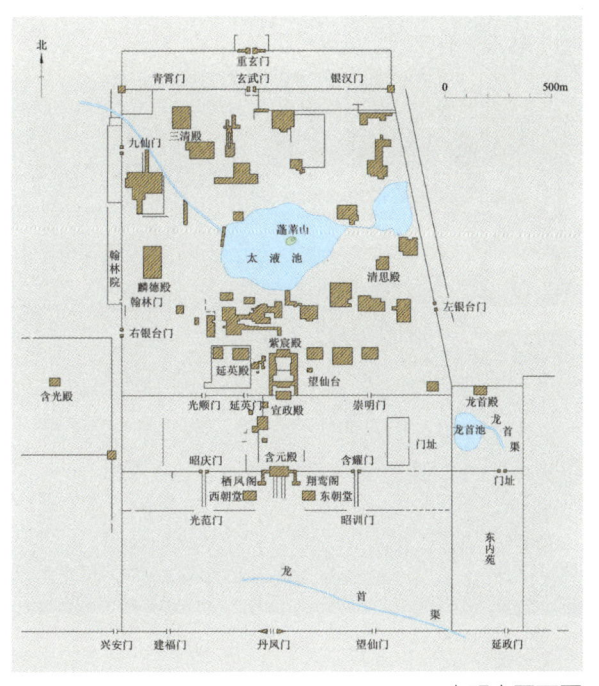

西安大明宫遗址（微缩景观）

大明宫平面图

111

建成后的大明宫宫城四面设门，南墙正门丹凤门，北墙正门玄武门，两门之间的连线为宫城中轴线。宫城南部为政务区，有含元殿、宣政殿和紫宸殿三大殿，沿中轴线自南向北排列。含元殿为大明宫主殿，是皇帝举行外朝大典的场所；宣政殿为皇帝进行常朝的地方；紫宸殿为皇帝召见宰相臣子

议论朝事的地方，被称为内朝。

三大殿以北是以太液池为中心的宫廷园林居住区。麟德殿位于大明宫北部、太液池之西，是皇帝举行宴会和接见外国使节的便殿。大明宫的正南门丹凤门，是皇帝在东内举行登基、改元、宣布大赦等外朝大典的场所。

大明宫丹凤门

消失的文明：宫殿

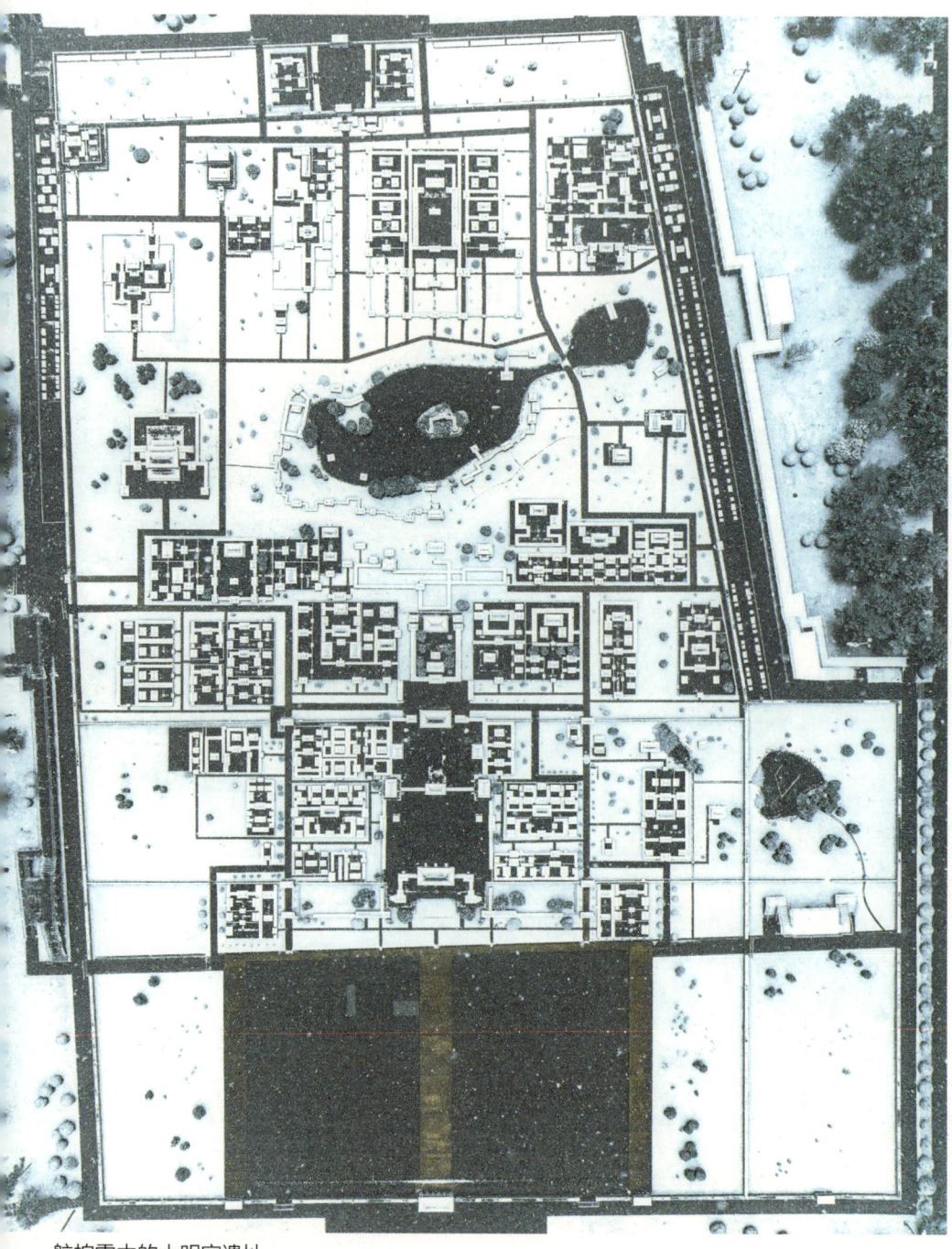

航拍雪中的大明宫遗址

## 唐高宗迁居大明宫

为了这项浩大的工程，大唐帝国付出了巨额人力和财力：数十万计的工匠参与了这座规模浩大的皇家工程的修建；耗光了唐朝成立以来45年的财富积累，国库又划拨了15个州的赋税收入，据说还停发了长安各级官员一个月的俸禄，这才确保大明宫工程能有条不紊地进行。

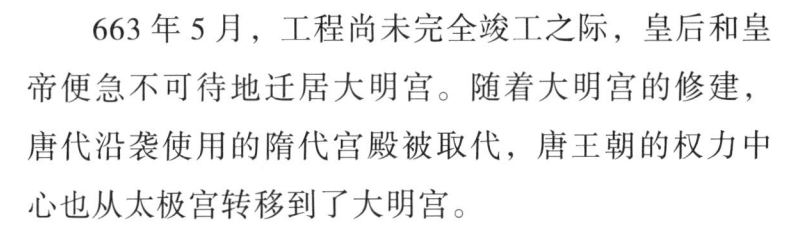

663年5月，工程尚未完全竣工之际，皇后和皇帝便急不可待地迁居大明宫。随着大明宫的修建，唐代沿袭使用的隋代宫殿被取代，唐王朝的权力中心也从太极宫转移到了大明宫。

从长安城的中轴线一直往北，越过皇城和太极宫之后向东，就是大明宫的南门丹凤门，也就是大明宫的正门。按照方位，大明宫由此被称为东内，而太极宫则被人们称为西内。

北宋时期，宋敏求、吕大防等人先后绘制了《长安图记》。元代时，李好文依据前人绘制的《长安城图》，亲自勘察了长安城，增补订正做成了《长安志图》，可称得上是一部长安城及其附近地区的历史地图集。

1959年冬，中国科学院考古研究所的马得志等专家，根据元代李好文的《长安志图》所示，来到了唐大明宫所在的龙首原一带进行发掘。

此时的龙首原已是一片荒芜的空地，地面上看不出城址的范围和轮廓，很多地方被公路和房屋切断。

马得志一行人在龙首原遗址东北角，发现一段50米长、保存较好的宫墙，当地农民称其为"骆驼岭"。考古队根据勘探，认定这里是唐大明宫的一段宫墙。

经过9个月的全面发掘，马得志绘制成了第一张大明宫测绘图。图中这座宫城面积是3.3平方千米，是故宫的4.5倍。

长安城的格局由此呈现在世人面前：太极宫居于郭城之中，地势低下；而大明宫高踞长安之巅，北与终南山相连，易守难攻，进退有据。

俯瞰大明宫遗址

大明宫遗恨

全城以朱雀大街为中轴，14条南北向大街和11条东西向大街，将外郭城切分成108个坊和东市、西市。东、西两市在唐代初年即成为中西贸易和文化交流的中心，商业活动十分繁荣。长安城热闹非凡，西市附近还聚居了许多从中亚和西亚来的胡商。从唐代墓葬出土的胡俑中，可以遥想长安这个国际大都会汇聚四海商旅的景象。

隋代大兴城的选址，没有从政治和军事安全上做过多考虑，宫城与坊市紧紧相连的格局，对皇宫的安全极为不利，因此长安城很快就被李渊父子（主要是秦王李世民）攻破，李家轻松夺取了隋朝天下。

隋唐都城布局图

117

## 消失的文明：宫殿

考古队仔细分析大明宫的布局设计，有了一个重大发现：整个大明宫内部有东西向三道宫墙，第一道宫墙在含元殿前120余米，第二道宫墙在含元殿两侧，第三道宫墙在宣政殿两侧。这三道宫墙的发现，对确定大明宫整个的形制格局意义重大。

大明宫不仅城墙高大，且在东、西、北三面都构筑有平行于宫城城墙的夹城。夹城修筑在宫城的后部，配合宫城城墙共同构筑起一道严密的防卫体系。宫城外的东、西两侧分别驻有禁军，北门夹城内设立了禁军的指挥机关"北衙"。

大明宫（微缩模型）

层层高墙、众多禁军,意味着什么?既是防守,也是统治者对安全的担忧。这也说明,在唐高宗和武皇后期间,宫廷内外的政变和篡位的权利争斗随时存在。

宫墙与城墙,在古代主要是起防卫功能的。三道宫墙的发现,让大明宫的布局轮廓和唐代历史一下子变得清晰而立体起来。可以看出,这万国朝拜的盛世里仍然潜伏着无数杀机和阴谋。

在入住大明宫一年之后的664年12月,高宗李治接到了宦官的告密:武皇后频频召道士入宫,行"巫蛊""厌胜"之术。

唐高宗和武则天
合葬在乾陵

　　朝中官员对武后参政早有不满，也纷纷趁机进言要另立皇后。高宗一气之下，令上官仪草诏皇后罪状，准备废后。武皇后及时得知消息，立刻赶去见高宗。她的突然出现，让高宗和上官仪措手不及。

　　武后向李治陈述几年来自己辅政的辛苦，以及多年的夫妻之情。武氏进宫时已经28岁，但两人一共育有6个孩子，可见她与高宗感情之深厚。

　　据记载，高宗受病痛折磨，中风甚至偏瘫，武后逐渐参与了治国理政当中，成为高宗处理国政大事的左右手。她以出色的政治能力，帮助高宗分担压力、应对困境，也成为高宗信任的人。

大明宫遗恨

在皇后的功劳和柔情面前，高宗平息了一时的冲动，将责任推到上官仪身上，危机总算过去了。

这边内忧尚未完全平息，那边外患又频频而起，反对势力此消彼长。

683年，唐高宗李治驾崩，太子李显即位。武则天以太后身份临朝称制，不久废黜李显，将政权牢牢掌握在自己手中。

英国公徐敬业不满武则天擅权越礼、祸乱李氏江山，在扬州以匡扶卢陵王李显复位为名出师，发动了叛乱。

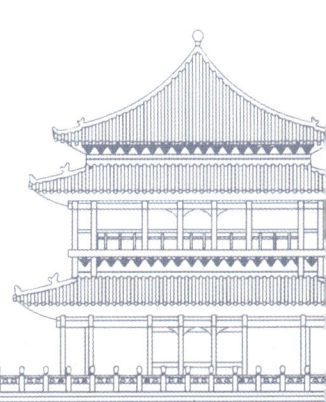

武则天画像

徐敬业的叛乱得到了不满武氏执政者的纷纷响应，反武大军迅速扩展到了15万人。不过，武则天反应迅速，命30万大军前往镇压。

在武则天掌权的几十年间，危险和杀机时刻围绕着这个权倾朝野的女人，前有关陇贵族鄙视她低微的出身，后有李氏家族和前朝重臣无法容忍女人专权。

在歧视和反对声中一步步成长起来的武则天，必然对地位和权力格外力争，心中也埋下了仇恨。几乎所有反对她、欲置她于死地的人，都先后被她处置了。

频繁的内忧外患刺激了武皇后，除了在建筑上加强防卫功能，她感到有必要把权力抓得更牢一些。她在前朝宫殿直接掌管政事，以确保自己更有力量与任何潜在

含元殿高台

的危机抗衡；而在仇恨和报复的重重包围之下，她对自己居住的大明宫，其设计、建造，必然也会考虑到防卫的加强。

## 大明宫探秘

包围在重重宫墙之中的，是以武皇后为权力中心的三大殿。据《陕西通志》所载：含元殿、宣政殿、紫宸殿都建在山原的高处，三大殿象征了统治的中心地位。

含元、宣政、紫宸组成的外朝、中朝、内朝格局，沿袭了秦汉以来沿中轴对称的宫殿布局，同时又为后世的宫殿所效仿，北京紫禁城的太和、中和、保和三殿，便是这种格局的体现。

含元殿复原模型　　　　　　　　　　　　　　　含元殿夯土台基遗址

含元殿相当于明清紫禁城中的太和殿，位于三殿之首。那么，大明宫含元殿的遗址究竟在哪里呢？

20世纪90年代末，考古专家们终于探明了含元殿的框架结构。含元殿遗址是一个总面积27600平方米的巨大夯土台基，殿前有一个630米纵深的广场。

考古专家在含元殿遗址出土了一座方形石柱础，柱础下面方形部分长和宽都是1.4米，高0.52米。上部覆盆状的圆形部分是用来承载宫殿立柱的，直径为84厘米，与故宫太和殿的最大立柱相差无几。

含元殿应该是当时唐长安城内最宏伟的建筑。殿前东、西

含元殿石柱础

两侧有翔鸾、栖凤二阁,千官望长安,万国拜含元。可以想象,每逢大朝会,百官穿过长长的龙尾道,最终登上含元殿,这个过程仿佛是通往天上宫阙。

据说,当时有官员登上龙尾道后,因气力耗竭,听错了皇帝尊号,被罚去一个季度俸禄。台基的高大可想而知。

配合含元殿作为外朝礼仪场所的,是距含元殿最近的一道宫门——丹凤门。丹凤门享有"盛唐第一门"之誉。试想当年,武则天陪同李治在丹凤门的门楼上接受百官朝拜、万民欢呼,并在城楼上宴请外国使者。这种四海臣服的宏大场面带来的荣耀,进一步激发了武后治理国家的信心和对权力的欲望。

125

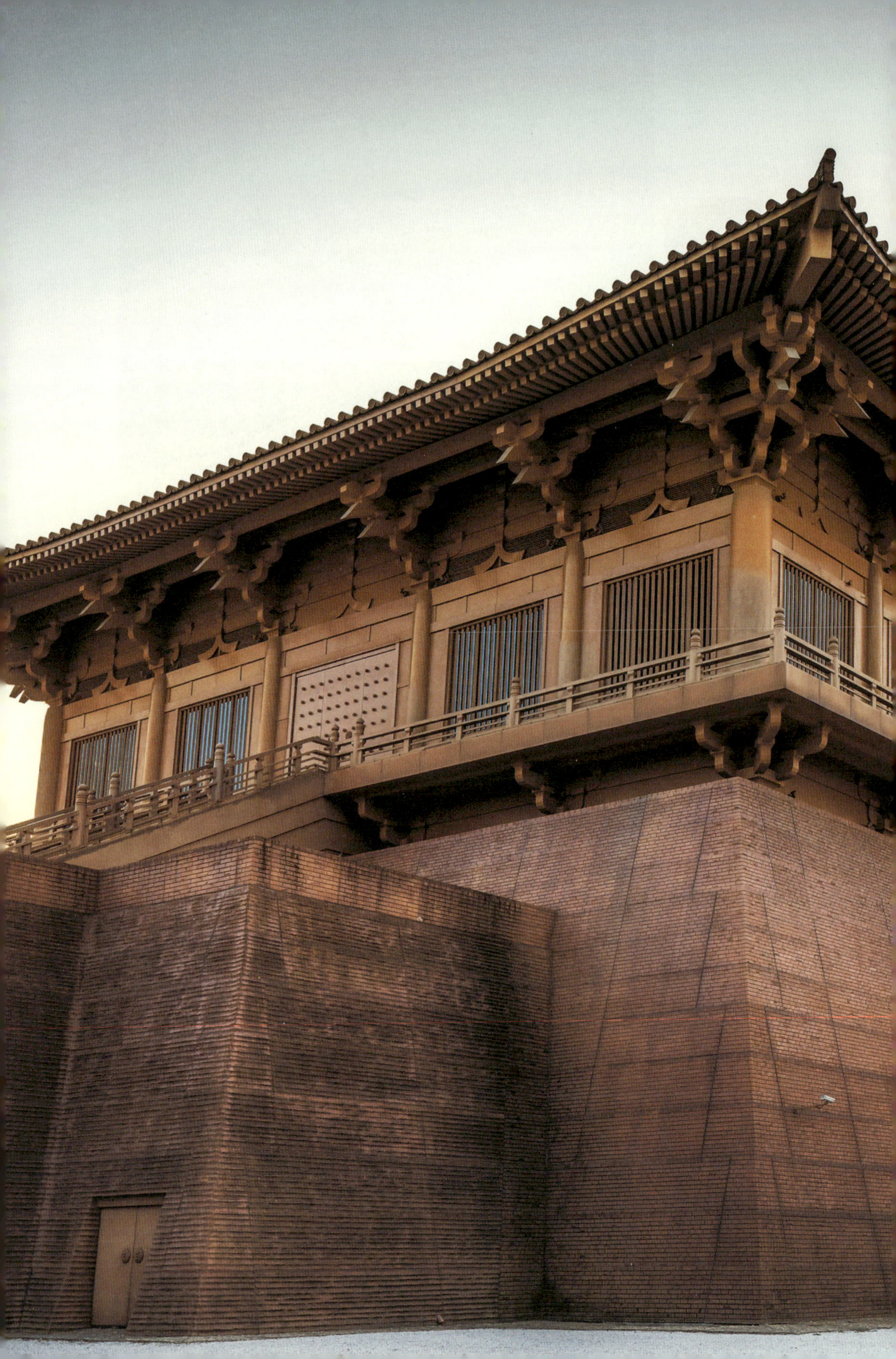

## 知识链接：天下第一门

门，是建筑物出入口的开关装置，它的规模代表着建筑的规格。

丹凤门作为大明宫的正南门，是皇帝出入宫城的主要通道，它的建筑体量、规格在大明宫11门中最高，被视作唐朝的"国门"。

丹凤一词出自《诗经·大雅》，古人把青色为主的凤凰叫青鸾，红色为主的凤凰叫丹凤。丹凤门始建于唐高宗龙朔二年（662年），也叫"五门""凤门"，它有五个门道，是中国古代都城城门建制的最高规格。在历代宫殿中，明清故宫的格局与唐大明宫最为接近。而作为进入明清故宫的主要通道天安门，同样也是以5个门道的最高等级来设置的。

考古专家认为，如果将丹凤门复原，东西将长达六十几米，南北宽二十米，可以确定的是，这无疑是中国古代规格最高的了，因此人们称丹凤门为"盛唐第一门""天下第一门"！

丹凤门上建有高大的门楼——丹凤楼，这里是皇帝举行大赦、登基、改元等大典的重要场所。唐末大明宫遭兵火之灾亦被黄土掩埋。

西安大明宫遗址公园丹凤门

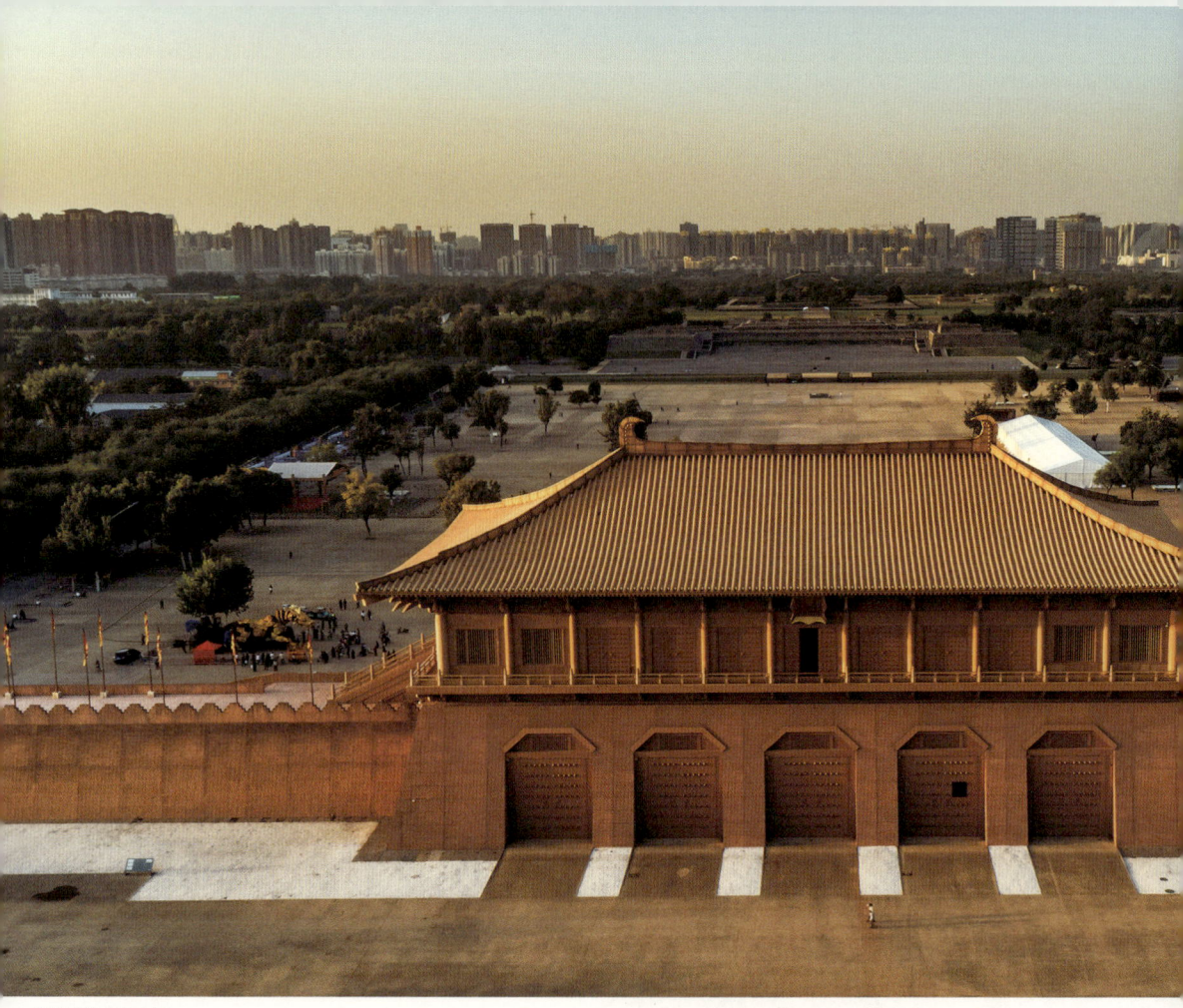

复原的丹凤门

  20 世纪五六十年代，考古工作者在勘探发掘时只找出了丹凤门的 3 条门道遗址。这个结果让后来的考古学者非常困惑，他们发现确认的这 3 个门洞，与含元殿不完全在一条轴线上，两者位置有所偏离。

  而根据前人绘制的大明宫图，上面清晰显示的是 5 个门道。那么，另外两个门道是否存在呢？

  2005 年，考古专家安家瑶在遗址附近发现了一段火烧遗迹的土层和砖瓦残块。红烧面的发现意味着当时可能有道路，也就是可能有门道遗址存在。后来通过幸运保存下来的小半个门洞，确认了第四个门洞的存在。因为中国建筑是对称的，

大明宫遗恨

丹凤门柱坑

丹凤门门道

可以确定的是，一定有第五个门洞的存在。这种推测很快得到了证实。

最后一个门道之所以难找，在于它上面的地面已经被破坏。不过考古队很快换了一个思路：门道上原先被城门楼压着，经过承重土的密度会比周围其他地方要紧密许多。通过这种方式，考古队最终确定了第五个门洞的位置。由此，一个悬疑多年的学术谜案被破解了。

考古专家通过勘探出来的长60厘米、宽40厘米的柱坑推断，整个丹凤门东西长达200米，证实了丹凤门为盛唐第一门的说法。

随着探测的深入，大明宫的布局轮廓逐渐清晰起来。这无疑是一座金碧辉煌的天上宫阙！

整座皇宫分为前朝和内庭两部分，前朝以朝会为主，内庭以居住和宴游为主。大明宫正门丹凤门以南，有宽176米的丹凤门大街，丹凤门以北是含元殿、宣政殿、紫宸殿、蓬莱殿、含凉殿、玄武殿等组成的南北中轴线，宫内的其他建筑，也大都沿着这条轴线分布。

如此巍峨雄奇的大明宫，修筑进度到底有多快？所费人力物力和时间又有多庞大？

综观历史，但凡宫殿群的建造，都需要一个漫长的过程，往往是长达数十年，甚至是历经几代统治者的修建，才得以完工。

试想，大明宫东西长1.5千米，南北宽2.5千米，放在机械化作业的今天，这也是惊人的大型工程。但据史料记载，大明宫整个建筑群的修筑，却仅用了短短两年时间就初具规模了。

为何速度如此惊人？原来，修建大明宫动用了数十万名工匠。

今天的人们仅从大明宫殿基遗址上看到的这些高台和柱础，就不难猜测其用料之大之多。这么多的建筑材料又从何而来？

考古工作者在发掘过程中发现，大明宫并不是完全从平地建起来的宫殿，而是利用了龙首原的山势。龙首原这个高地，本身的地势就比平地高出10米左右。

大明宫遗恨

大明宫遗址

131

消失的文明：宫殿

含元殿出土文物

　　考古人员还在含元殿附近发掘出二十多处火烧痕迹。最初，他们认为含元殿曾被火烧过，但随着发掘的深入，他们发现在含元殿东北部飞廊的山坡底下有20多座陶窑。这些陶窑保存得十分完好，窑里的烧砖情况也很好。从陶窑里出土了很多带字砖，砖上还有窑工的名字。

　　考古人员对比了这些窑址和含元殿遗址上发掘出的砖瓦，发现无论是年代还是制作工艺，都是吻合的，且砖瓦上都有窑址和工匠名。

由此，考古人员推测，含元殿殿前广场这片地方其实是一个制坯厂，制好的砖坯、瓦坯晾干之后，就直接运到北边或东北边的砖窑烧制。砖瓦就地取材，统筹得当，免去了运输难题，这也就解答了考古人员的一大疑惑：为何含元殿这么大的土木建筑，在不到一年的时间就能建造完成。

考古人员还发现，含元殿的殿前广场下有很多没有烧过的砖坯，砖上的花纹还保留得很好。这说明，广场是在含元殿工程完成之后，人们把坯场填平、砖窑封垫而成的。这种方式也用到了其他建筑的修建过程中。难怪如此大规模的大明宫宫殿群的修建，虽然兴师动众，但仍然统筹得当、稳定有序了。

含元殿出土文物

## 武则天临朝称制

含元殿的正北面,就是主持朝政大事的宣政殿,在这里,武皇后度过了多年案牍劳形的时光。大唐帝国也在武皇后的治理下蒸蒸日上,版图和人口甚至超过了太宗皇帝一朝,长安和洛阳两地比汉代全盛时期还要富庶美丽。然而,危险还是时刻隐藏在宫廷的每个角落。

683年,大明宫的政权发生了更替。这一年,李治病逝,太子李显继位。

据记载,李治临死之前留下遗诏:皇太子即皇帝位,军国大务有不决者,兼取天后进止。

这份遗诏充分说明:第一,唐高宗对儿子李显驾驭

唐帝国的能力不是很放心；第二，这个遗诏给了武则天很大的权利，即把唐王朝的驾驭权，交给了他的妻子武则天。

国政大事，关系到整个王朝的生死存亡。李治担心儿子治国无能，唯一让他放心的还是皇后。

唐高宗的初衷是想让武则天帮儿子稳定朝政，但他没有想到的是，武则天内心对权力的渴望之大，甚至在后来会谋权篡位，废了自己的亲生儿子。

对于武则天来说，一方面她内心是渴望权力的，权力缺失会让她没有安全感；另一方面，她也不希望自己付出半生心血治理的大唐江山毁于庸碌之辈。

仿唐代宫殿建筑

684年，唐中宗李显想让自己的岳父韦玄贞担任侍中之职，侍中属于宰相之一，可韦玄贞的才能明显不符。这件事一提出，马上遭到中书令裴炎等人的强烈反对。年轻气盛的中宗十分生气，他认为自己是皇帝，有权决定官员的任命。

如果听任时局发展，大唐的命运将发生不可逆转的变故，而历史也将改写。毕竟这不仅涉及裙带关系以及职责与才能匹配的问题，还潜藏着外戚专权的隐忧。

这时，中宗背后的武则天站出来掌控了局面。她写下了一篇名为《臣轨》的文章："夫修身正行，不可以不慎。谋虑机权，不可以不密。忧患生于所忽，祸害兴于细微。"从中，人们不难发现这位历经风雨磨炼的政治家的敏锐。

武则天开始收拢权力，为了更好把持朝政，她先后废除了两个儿子的皇位。690年，67岁的武则天从幕后走到了台前，以武代李正式称帝，改国号为"周"，成为中国历史上唯一的女皇帝。武则天还专门选了"曌"字作为自己的名字，"曌"字有日月当空普照天下的意思，也有阴阳一体的含义，很符合武则天女子身份当皇帝的理想和抱负。

武则天雕像（隋唐洛阳城）

消失的文明：宫殿

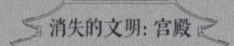

　　称帝后，武则天离开了爱恨交织的大明宫，将一切繁华和传奇都复制到了东都洛阳。

　　执政期间，她采取了一系列军事、政治、经济和文化举措：出兵西征，打败了突厥、契丹等外族的进攻，收复了安西四镇，稳定了边疆；派遣存抚使到

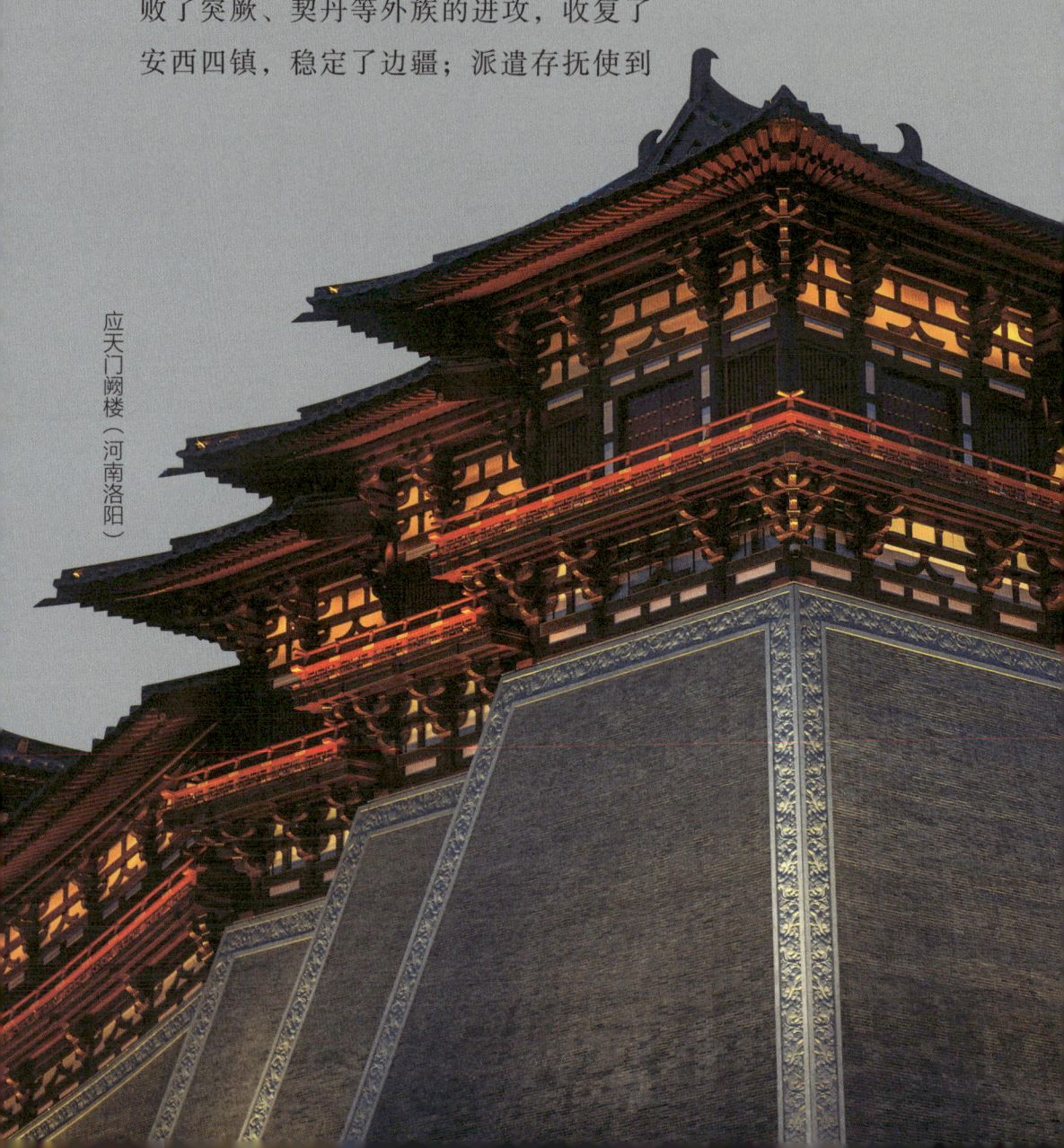

应天门阙楼（河南洛阳）

大明宫遗恨

各地广纳贤才并破格录用，进一步发展科举制度，设立武举，广开言路；以温和的民族政策，接纳多元文化的发展，既清明了朝堂政治，又为社会进步和经济发展创造了良好条件，由此成就了威震八方的盛世气象。

而她在长安之巅亲手打造的宫殿，一度成为一座寂寞无主的建筑，直到15年后，一代女皇躺在灵柩里被抬回长安。遵照遗愿，她以高宗皇后的身份与丈夫李治合葬于乾陵。政权重新被李氏王室夺回。

武则天谱写了历史上空前绝后的传奇，这位在大明宫度过了半生的女人，传承了贞观之治，奠基了开元盛世。不过，她的一生，终究为以男权为正统思想的封建时代所不容。直到临终，她才不得不承认，自己虽然能改变权力的归属，却无法改变文化根深蒂固的桎梏。于是，她做出了妥协，以叛逆传统开始，以回归传统终结。

时间流逝，大明宫却记录下她争夺权力和励精图治的不倦身影。

唐代仕女图

## 知识链接：年号最多的皇帝

中国古代，人们通常用君主的年号来纪年。年号为汉武帝首创，他将公元前122年称为"元狩"年，他之后的皇帝们也都会在纪元时起一个年号。

不过帝王在位期间，年号并非唯一的。除明清皇帝一生只用一个年号外，他们之前的皇帝往往会有多个年号。其中频繁更换年号的冠军就是武则天。她执政21年、年号17个；亚军则是她的老公唐高宗李治，在位34年、年号14个。

帝王会在什么情况下更换年号呢？通常是在遇到天降祥瑞或大事发生时会改年号。唐高宗李治在诸如立太子、平定西突厥、灾荒、出现祥瑞等时，都会改年号。不过，后人也推测，高宗在位时武皇后就已经以"天后"身份参政了，这导致他备受群臣质疑，故而想通过改年号的方式寻求认同和加强统治。

"改年号狂人"武则天，共有17个年号。临朝称制时是4个：光宅、垂拱、永昌、载初；正式称帝后是13个，如天授、如意、长寿、延载、神功等。最夸张的是，她曾一年换了3个年号。最后一个年号"神龙"只用了一个月，唐中宗继位后沿用了3年，故算作了唐中宗时期的年号。

武则天为什么热衷于更换年号呢？专家推测，这源自她的女性身份，她比任何帝王都更想证明自己皇位的正统性；她也试图以此证明自己虽是女皇，功德一点也不输给男皇帝。

乾陵武则天无字碑

## 唐玄宗与开元盛世

　　考古工作进行到大明宫的后寝区域时，在三道宫墙之外，考古人员意外发现了一段新的夹城。这是一道东西走向、状如长安城墙的夯土层。这段夹城为何而建？考古人员百思不解时，发现这样一段记载：唐玄宗曾下令在曲江池东岸筑一城堡，名"夹城堡"，堡内以芙蓉花为主，故又称芙蓉园。二者是否有关联呢？

　　最终考古队确定，在长安城东郭墙外55米处修筑的这道城墙，是专供皇上来往通行的，它由大明宫通往兴庆宫和曲江芙蓉园，全长7979米。考古人员推测，修建夹城主要是为了便于通往兴庆宫。

　　今天西安市东门外的兴庆公园，就是唐代兴庆宫的遗址。兴庆宫，因在大明宫之南，又称南内。唐玄宗李隆基即位之前，就和几个兄弟一起住在这里。728年，玄宗由大明宫移入兴庆宫，并开始在这里居住和听政，这里也成了新的政治活动中心。

　　人们不禁疑惑，与大明宫相比，兴庆宫的规模不到大明宫面积的一半，而此时大唐的国力远比武则天时期更为富庶，为何作为唐朝鼎盛时期的君主，李隆基会搬到这里？难道是出于怀旧心理？

大明宫遗恨

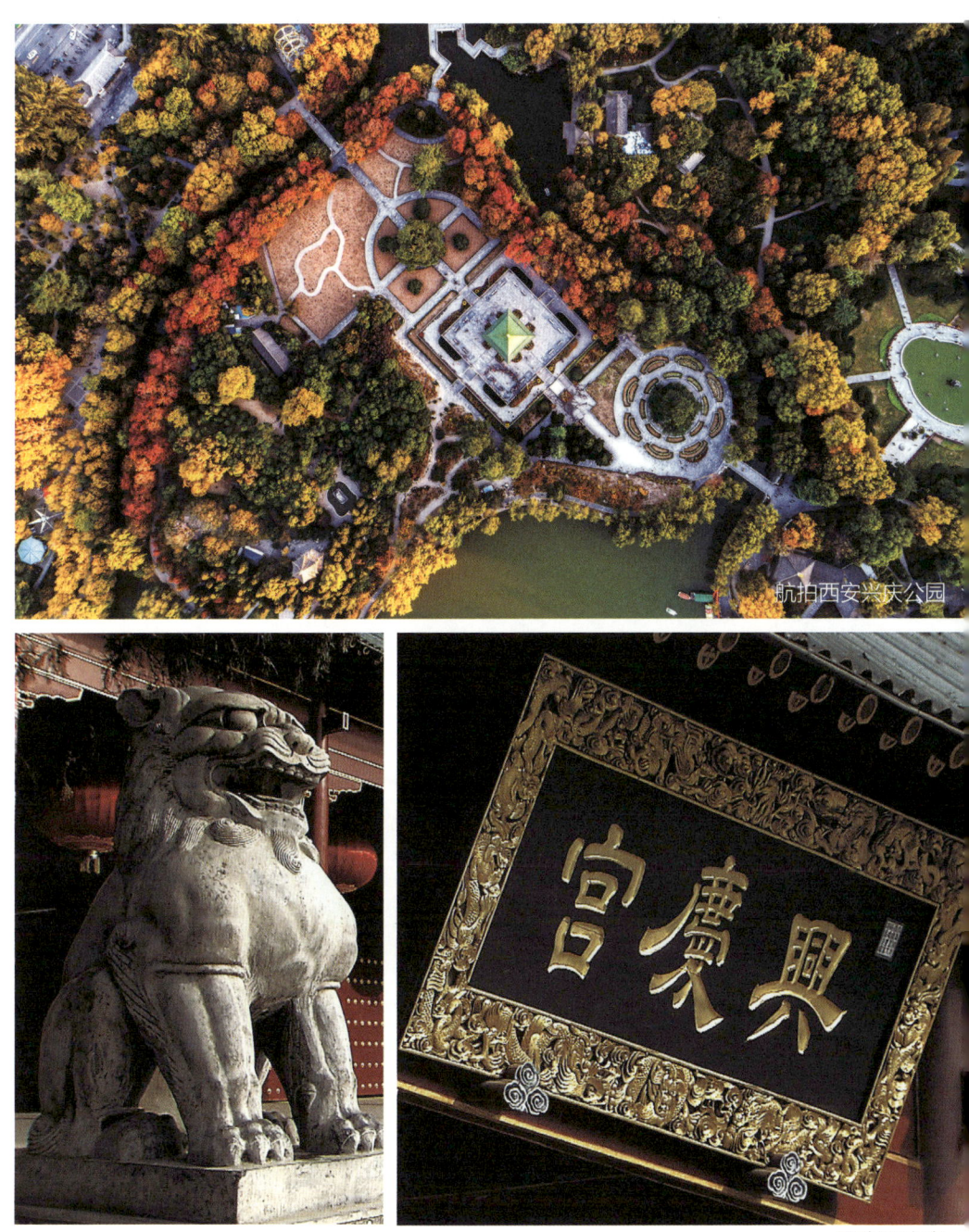

航拍西安兴庆公园

西安兴庆宫

唐玄宗李隆基也是依靠政变登上皇位的。即位之初，李隆基体恤黎民百姓，任用贤臣，国家日益繁荣昌盛。他本人也非常节俭，一改武则天时期的奢靡之风，兴庆宫正是玄宗早期执政风格的体现。

史书记载，即位之初，李隆基频繁召见一位名叫吴

大明宫遗恨

筠的道士，每次入宫，吴道士都会受到隆重的接待。

历史上一些皇帝迷信道教，大都是为了炼丹服药，寻求长生不老之术。而李隆基向吴道士讨要的不是长寿丹药，而是治国之道。

以道教的理念来治国，成就了开元盛世。如唐代科举中就有一项"道举"，以道教经典开科取士，为信奉道家思想的人提供了展示才华的舞台。李隆基非常崇拜老子，甚至以老子的"贵以贱为本，高以下为基"思想作为治国理念，用以执政。

其实，李氏家族祖上有着鲜卑血统，唐朝建立后，为抬高身价门第和标榜自己纯正的汉人血统，李渊自称是老子李耳的后裔。到李隆基时尤甚，他酷爱《道德经》，是唐代唯一一位批阅过《道德经》的皇帝。

考古人员也在大明宫青霄门内不远处发现一座道观，即三清殿遗址。这里出土了很多坩埚，坩埚底下还有一些琉璃状的残留物，推测可能是皇帝或道士炼丹所用。

道德经

华清宫唐玄宗与杨贵妃铜像

玄宗时期，大唐迎来了极盛之世。天宝元年，长安城流动人口有40万、固定人口在80万左右，全国人口则达到七千多万，而同时期的欧洲诸国，人口仅在200万到300万。当时世界各国的生产总值加起来，都不足大唐王朝的生产总值。由此，大唐成为世界中心，吸引着各国使臣前来朝圣。

734年，50岁的李隆基遭遇了接二连三的不幸。这一年，他的五弟薛王去世，此前，二哥、四弟相继去世，同胞兄弟的离世不仅使他失去了饮酒、击球、对弈的伙伴，也在他心头蒙上了人生无常的阴影。随之，爱妃武惠妃的突然病故，又狠狠地给了李隆基一击。

这位开元盛世的缔造者感到无比孤独和空虚，陷入心灵的困境中，这时一个才貌双全的女人走进了他的视线，她就是杨玉环。李隆基因这个女人重焕生机，他的生活也渐渐奢侈起来。处理政务的三大殿少了他孜孜不倦的身影，后廷内宫成为他流连忘返的所在。

## 考古太液池

从史书记载和诗歌描述中，人们不难发现，唐代的文体娱乐也是盛况空前。马球场、梨园、太液池，这些都是专属于大明宫的休闲娱乐场所。而作为大明宫后廷重要园林的太液池，更是见证唐玄宗与杨贵妃爱情的重要场所。

李白雕像

从2001年起,中国社科院考古所与日本奈良国立文化研究所合作,对唐长安城太液池皇家园林遗址进行了考古发掘。考古发现,太液池分东、西两部分,中间以渠道相通。西池面积较大,为太液池与蓬莱山园林池色的主景部分;东池面积较小。

考古队在南面沿岸发现了多处断续的台基,并发掘出大量残砖碎瓦。据《太平御览》记载,太液池周围建有廊庑400间。台基和砖瓦的发现,证实了太液池沿岸大规模环湖长廊的存在。

这是一处面积约16000平方米的宫苑风景区。湖中

仿造出蓬莱、方丈、瀛洲三岛，寓意为神仙居住的长生不老之地。太液池内湖光山色，芳草萋萋，宛若人间仙境。

太液池也留下了盛唐诗仙李白的足迹。

735年，仗剑畅游天下10年的李白到了长安城，谋求建功立业的机会。

742年，作为翰林学士的李白奉旨来到太液池东岸的牡丹园。李隆基正诏选梨园弟子演奏乐曲，音乐会的中心人物正是炙手可热的大唐贵妃杨玉环。如此良辰美景怎能没有好的乐词相和？

李隆基命李白填写《清平调》，李白挥笔一蹴而就：

### 清平调·其二
唐·李白

一枝红艳露凝香，云雨巫山枉断肠。
借问汉宫谁得似，可怜飞燕倚新妆。

借牡丹赞美杨贵妃的天资绝色，深得玄宗皇帝欢心。

唐长安城太液池

消失的文明：宫殿

这一夜，李隆基和杨玉环相拥着在太液池中央的蓬莱岛赏月，发下了生生世世为夫妻的誓愿。

因嫌树枝遮挡了月光，李隆基命人在太液池西岸专门筑了一座百尺高台，命名为望月台。音乐和歌舞、权力和美色，双重的珠联璧合使得他们之间的爱情超越了普通帝妃之欢。

因狂放不羁的李白作诗时让宦官高力士为其脱靴，从而被高力士怀恨在心。这位举足轻重的宦官在杨贵妃面前，进言挑拨说李白借诗暗喻杨贵妃为汉朝红颜祸水赵飞燕。3年后，李白备受排挤不得不离开长安。

晚年的李隆基，已不满足于大明宫内的太液池，他下令在骊山修建行宫，另又修建了更为奢华的华清宫，在那里他和心爱的女人度过了最美好的时光，大明宫的政务也随之一度转移到华清宫。

这时边境出现混乱，社会也

大明宫遗恨

唐代什女图（现代）

不再安定。755年，三镇节度使安禄山起兵反叛，安史之乱爆发。

　　唐玄宗后期，生活上极度奢侈，沉迷享乐、怠于政事，国政先后交由李林甫、杨国忠把持，言路被杜绝、忠良被排斥。朝堂的一片混乱，给了安禄山等人可乘之机。安史之乱的爆发导致统治者与老百姓之间矛盾日益加剧，土地兼并严重，老百姓流离失所。

消失的文明：宫殿

杨贵妃出浴图

中央和地方军阀势力矛盾严重，节度使统帅着这个国家的大部分军队，精锐部队都囤在边境，内地兵力空虚。外重内轻的局面，导致拥兵自重的节度使野心暴露，从而发生叛乱。

一段旷古的传奇爱情在逃难途中以悲剧落幕，杨玉环被当作罪魁祸首赐死于马嵬坡。

758 年年末，唐军收复长安、洛阳两京，玄宗也由此返回长安。只是，作为太上皇的他再也没有资格进入大明宫半步。唐肃宗李亨将父亲玄宗连骗带逼转移到太极宫，以便监控。

4 年后，怀着对杨贵妃的无限追思，玄宗驾崩于长安太极宫。从此，大唐走向衰落，而大明宫里再也没出过雄才伟略的皇帝。

贵妃醉酒图

## 大明宫之殇

距李白走进大明宫70年后，另一位著名诗人白居易，出现在了大明宫百官朝列的队伍中。白居易曾有诗句这样描述早朝的情景："待漏午门外，候对三殿里。须鬓冻生冰，衣裳冷如水。"皇帝住在城北的大明宫，而官员们住在离皇宫很远的城内各坊内，总是天不亮就早早起来去上朝了。白居易成为大唐以及大明宫由盛及衰的见证人。

815年6月3日凌晨，白居易照常早早地走出住宅所在的坊东门，赴大明宫早朝。官至左拾遗的他如果不发生意外的话，仕途应该是畅通无忧的，但意外偏偏发生了。

消失的文明: 宫殿

这天发生了一件震惊朝野的大事，宰相武元衡在上早朝的路上遇刺身亡。武元衡是坚决支持皇帝对藩镇用兵的，这就引起了一些叛乱藩镇的不满，为了阻止朝廷用兵，也为了震慑朝廷，他们采取了血腥手段，派刺客到长安刺杀了武元衡。

一时间，京城戒严，金吾骑士遍布长安各个关口，猖狂的刺客更是留下恐吓字条，捕快吓得不敢通缉犯人。整个

西安大唐芙蓉园风光

白居易像

长安城笼罩在恐怖气氛之中，朝臣无人敢出门上朝，无人敢为宰相发声，大明宫寂静无声。

关键时刻，有一个人按捺不住站了出来，他就是白居易。当天中午，他就写奏章请求皇帝替武元衡申冤，认为宰相被暗杀在大街上是国耻，应当彻底查处幕后凶手。

可惜的是，大明宫的主人唐宪宗根

本无法做到中央集权、政令畅通，朝政被宦官集团和旧官僚集团所操纵。一个月后，白居易被贬为江州司马，结束了待漏大明宫的京城政治生涯。藩镇割据造成的社会动乱，贯穿了白居易的一生。他一生74年，共经历了8位皇帝的更迭，也成为唐朝末年的社会缩影。那时的社会千疮百孔，军阀割据四方，百姓民不聊生，各地反唐志士纷纷起义。

879年，黄巢起军广州，率领数十万大军一路北上，渡淮河、攻洛阳，破潼关、入长安。

唐兵马俑

金吾大将军张直方率众迎接黄巢大军进城，黄巢兵不血刃，成为大明宫的新主人，建立了大齐政权。这位当年的落第秀才完成了曾经发下的誓愿："待到秋来九月八，我花开后百花杀。冲天香阵透长安，满城尽带黄金甲。"

黄巢和他的金甲骑士在大明宫生活了

大明宫遗恨

约两年，便被唐僖宗借来的沙陀族雇佣军赶出了长安。物庶民丰的长安城刺激了沙陀族的将士。883年，他们反戈击溃了大唐的政府军，杀进长安。这些游牧民族以他们迅速而粗犷的方式，用弯刀和火炬，让长安城和大明宫遭受了巨大的破坏。

905年，大唐节度使朱温发起暴乱，在一个多月的时间内，杀死大臣30余人，拆毁了长安城所有的宫殿，将所得的木材沿渭河漂流至洛阳，用于营建他的京都。907年，朱温逼唐哀帝李柷禅位，在汴州（今开封）称帝，国号为梁。

盛极一时的大唐王朝在历经近300年风云后走向消亡，自此历史进入了五代十国时期。

长安作为国都的历史在唐朝画上了休止符，而承载过长安城和大明宫的关中平原，也随着时间的推移，淡出了历史的舞台。大明宫虽然衰亡了，但作为当今中国最大的都市之一，西安仍然闪耀着文明的光芒。

洛阳隋唐城九洲池景区

157

消失的文明: 宫殿

盛唐华清宫

# 盛唐
# 华清宫

华清宫，又称"骊宫""骊山汤"，位于今陕西省西安市临潼区城南的骊山绣岭，是历代帝王钟爱的沐浴胜地。因周幽王烽火戏诸侯、唐玄宗与杨贵妃的传奇爱情故事以及"西安事变"而被世人关注，是关中中部一大胜景，堪称"天下第一温泉"。

周、秦、汉、隋、唐等王朝的统治者均在骊山建离宫，利用山麓温泉沐浴。1936年，西安事变也发生在这里。今天的华清池是在唐代华清宫遗址上修建的，这里曾是唐代帝王游幸的别宫。

华清宫

159

航拍临潼华清池

## 骊山脚下华清宫

在陕西省西安市东约 30 千米的临潼区，有一座风景秀丽的骊山，地球造山运动使其在关中平原拔地而起，大自然的鬼斧神工把它雕刻得精巧玲珑。这里树木茂密、苍翠葱茏，因山形似伏卧欲动的骊骥而得名骊山。

骊山的脚下，便是闻名中外的旅游景区——骊山温泉。骊山温泉南依苍翠的骊山，坐落在临、潼、渭三河交汇而成的扇形地带，这里温泉潺潺、风光

盛唐华清宫

旖旎，一直是历代皇家修建离宫别苑的胜地，更是历代文坛巨擘游山览古、刻石留记的灵感之地。

郭沫若先生曾写诗描述骊山："骊山云树郁苍苍，历尽周秦与汉唐。一脉温汤流日夜，几抔荒冢掩皇王。"这里是一处令人神往的旅游胜地。

周王朝最先在这里修建离宫，此后春秋战国、秦、汉、北魏、北周、隋、唐、宋、元、明、清，都相继在此留下了丰富的文物胜迹。在历代诸多建筑中，鼎鼎大名的莫过于唐代的温泉离宫——华清宫。

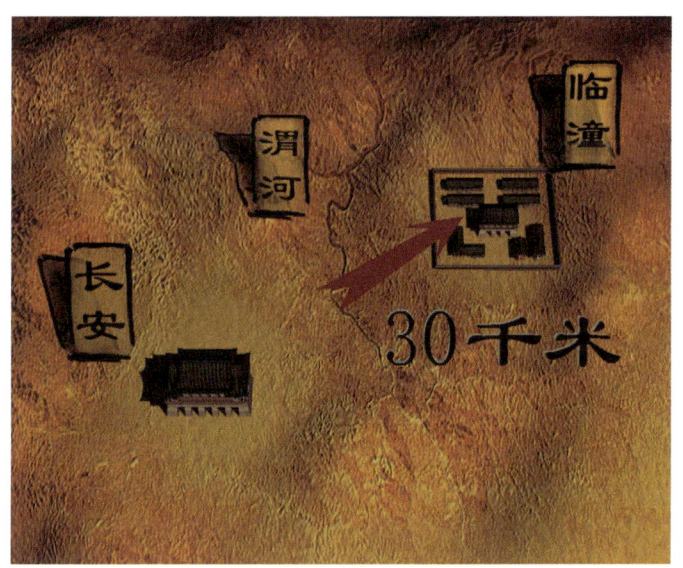

华清宫与长安相距30千米

唐玄宗李隆基时期，这里规模达到鼎盛，占地面积是现在北京明清故宫的两倍。史料记载，唐天宝四年至十四年（745~755年），每到冬季唐玄宗都要移驾华清宫，在此处理朝政、商议国事、接见外使，人称"第二长安"。

华清宫依山而筑，宫城东区有众多豪华的温泉浴池，其中有唐玄宗用的莲花汤、杨贵妃用的芙蓉汤，以及太子汤、星辰汤、少阳汤、尚食汤和宜春汤等，华清宫温泉水温常年恒定在43℃，水中含多种元素，对风湿、关节炎等均有明显疗效，民间称其为"神泉"。

盛唐华清宫

老君殿遗址出土的人物造像

蓝天下的骊山

三彩马

163

唐玄宗与杨贵妃

　　皇帝游幸，文武大臣随侍，数月不归，就地处理朝政号令全国。"千官扈从骊山北，万国来朝渭水东"，四周邻国使者会聚华清宫朝拜、进贡，先看20万大军演武，后于渭水河滨校猎，盛况空前。华清宫大有取代长安，成为全国政治、文化、军事中心之势。

盛唐华清宫

史书形容华清宫美轮美奂、巧夺天工，是一座人间的仙宫。唐玄宗与杨贵妃的凄美爱情，更是为这座宫殿平添了缠绵悱恻、荡气回肠的美丽和令人怦然心动的向往，让其名扬天下。

可惜的是，这样一座盛世大唐的恢宏杰作，却慢慢消失于时间长河里。那么，千年前的大唐华清宫到底是一座怎样的宫殿呢？

1982年4月的一天，人们在骊山脚下基建施工时，意外地挖出了一些古建筑遗迹，像是洗澡用的池子。经过陕西省文物局专家考证，认为这是唐代华清宫的建筑遗存。

新成立的考古队，立即开始了保护性考古挖掘。最先挖掘出的一座汤池遗址十分特别：池壁南边像凸出的马面一样，池壁北边像自然流淌的河流一样。

唐代华清宫建筑遗存

165

唐李世民画像

  当时的设计者为什么要把温泉池设计成这种奇怪的形状？它们供谁使用的？又是谁修建的呢？这让专家们迷惑不解。

  考古专家在汤池发现了一些刻有工匠名字的条砖，这种条砖是初唐时期才有的一种建筑材料，再根据出土的瓦当、方砖、柱础、管道等遗物，以及史料记载的汤池形状，专家判断，这是唐太宗李世民专用的汤池。

  而池壁的形状之所以如此奇特，专家推测当时工匠设计时有可能依据了骊山和渭河的形态：南边的凸起象征着骊山，北边似河水流动的线条则取自渭河河水。至

166

于最终南边呈现出来的样子，可能是因为南边汤殿里有根立柱，立柱被石头保护起来，所以看起来才像一个马面的形状。

唐太宗是我国历史上一位杰出的帝王，他统治下时社会安定、经济繁荣，历史上称为"贞观之治"。

贞观十八年（644年），李世民下令在骊山修建供自己沐浴的汤池。汤池修建不久后，李世民就率领文武百官前来游幸，并亲笔御书《温泉铭》颂扬骊山温泉，并令石匠制碑拓印，以示群臣："朕以忧劳积虑，风疾屡婴，每濯患于斯源，不移时而获损。"

消失的文明：宫殿

华清宫古城墙遗址

华清宫

华清宫汤池位置图

唐太宗李世民因"玄武门兵变"而君临天下，但早年四处征战让他身体留下多处暗疾，并患上了风湿病。正是中草药的治疗加上骊山温泉的温暖浸泡，治愈了他的疾病，所以李世民才不惜以帝王之尊亲自为温泉立铭。

那么，唐太宗李世民是最早在骊山修建温泉汤池的人吗？

随着考古工作的深入，专家们在唐华清池遗址的下面发现了商周时期的陶质水管道，以及秦汉时期的木门、管道、瓦当等建筑遗存。

考证了大量的史料后，专家判断唐太宗李世民并不是最早在骊山建造汤池的人，温泉宫殿早在周幽王时就已经存在了。周幽王看中了骊山秀美的风光和天然温泉，以及距离都城镐京（今西安）仅30千米的优越位置，在此修建了骊宫。后来，秦、汉、唐各朝天子，都把这块风水宝地作为行宫别苑所在地，并不断扩建。

唐太宗李世民的"御汤"，就是在前人基础上修建的，后来宫殿被重新翻修，并起名为"汤泉宫"。

不过，唐太宗修建的"汤泉宫"并非历史上最恢宏的，骊山温泉宫殿真正宏伟辉煌的时期，是在唐玄宗时。

唐玄宗李隆基，是唐朝的第七代皇帝，28岁时靠宫廷政变登上了皇帝宝座。

上承贞观之治，又经过武则天57年的耕耘，玄宗统治时期的大唐国强民富，经济势力雄厚，远超同一时期的拜占庭帝国以及阿拉伯帝国，前来朝拜的外夷藩邦络绎不绝。这一时期被公认为是继汉武帝之后中国历史上出现的第二次鼎盛时期，史称"开元盛世"。

盛唐华清宫

天下盛世太平，玄宗有的是财力和时间，于是开始花费巨资对大明宫、兴庆宫等建筑进行大规模营建和修葺。而先皇留下的避寒胜地骊山行宫风景秀丽，温泉千古涌流，贪图安逸享乐的玄宗开始频繁游幸此地。

## 唐玄宗扩建华清宫

每年10月，唐玄宗都要偕杨贵妃和朝廷百官及百官家眷来骊山过冬，在此赏景，尽情作乐，直到第二年春天，才返回京师长安，于是就有了"十月一日天子来，青绳御路无尘埃"的名句。

40年间，唐玄宗先后出游华清池36次，有时一年两去，还不包括微服出巡的次数。

随着游幸队伍日渐庞大，停留享乐的时间加长，原来的行宫已经远远不能满足唐玄宗的要求。天宝元年（742年），唐玄宗下诏，大规模扩建骊山行宫。

首都博物馆收藏的骊山避暑图（绢本真迹）

扩建工程根据骊山的自然山势，在以前温泉宫的基础上进行。主要殿舍以温泉总源所在地，唐太宗的汤池为中心，构成宫殿群的核心，然后向山上山下四面展开，布设亭台殿阁，栽植青松翠柏，构成一个庞大的宫殿建筑群。这样既合理地利用了温泉，又体现了皇宫的严谨布局，可谓构思新颖、独具匠心。

远远望去，骊山行宫规模宏大、壮丽无比，楼台、宫殿遍布骊山上下。白居易在《骊宫高》一诗中形容"高高骊山上有宫，朱楼紫殿三四重"，可见骊宫巍峨耸立、楼宇重重，似人间天堂。

唐玄宗是个十分笃信道教的人，一直希望能够得道成仙、长生不老。因此在天宝六年（747年），新宫落成之时，他便取道教经书中"华清宫"能使人得道成仙之意，把骊山宫殿定名为"华清宫"。因为宫殿坐落在温泉汤池上，所以人们也称为"华清池"。

此时的华清宫达到了历史上的鼎盛，规模宏大、富丽堂皇，可与兴庆宫和大明宫相媲美。

唐玄宗的这次扩建，不仅在以前的基础上增设了很多殿宇金屋，还广种名花贵木，更重要的是增建了多个汤池。唐玄宗不仅为自己和宠妃杨贵妃修建了专属汤池，还给太子、近臣等修有不同的汤池。

今华清宫中的长生殿

夜空中的北斗七星

　　唐玄宗还将唐太宗李世民曾经用过的"御汤"改名为"星辰汤"。之所以改名，主要在于汤池的整个造型酷似北斗七星的形状。

　　北斗七星在古人看来有着特殊的含义，它被认为能主宰天宫和人世间的万事万物，如人世间的政治、经济和各行各业的发展。统治者们希望自己的统治能长治久安，唐玄宗也不例外，改名"星辰汤"，就是希望他的统治能政通人和、江山永固。

　　据史料记载，唐太宗就是依靠这御汤的温泉中药浴，最终

治愈了风痛。在星辰汤被发现之前，人们只能从史料中推测华清池的建筑布局及规模。而星辰汤的发现和出土，为专家们提供了真实可靠的考古依据。

从星辰汤殿向北约25米，考古专家又发现了一个汤池遗址。这里出土了天宝年间的铜钱、带字的板瓦、三彩套兽，以及带有手印的条砖。这种条砖是唐玄宗天宝年间使用的一种建筑材料，专家结合《长安志图》中所画的位置，再根据汤池的造型以及出土文物，判断这个汤池即是唐玄宗沐浴的莲花汤。

莲花汤东西长10.6米，南北宽6米，呈两层台结构。汤池上、下两层台阶，上平面的四角有一定的曲线变化，形状类似莲花，而下平面则是规则的八边形，造型奇特。

像北斗七星形状的星辰汤

消失的文明：宫殿

唐玄宗所用的汤池为什么会设计成这种奇特的形状呢？

原来，唐玄宗是个狂热的道教徒，下平面的八边形代表着大地的八个方位，他把具有道教寓意的莲花设计在大地八极之上，就是希望通过沐浴能与天地相连，在清泉、莲花的护佑下，延年益寿、长生不老。

## 杨贵妃与海棠汤

在莲花汤的西边约 3 米的地方，考古人员又有了一个惊人的发现，这里出土的汤池遗址用青石砌成，造型形似一朵盛开的海棠花。

这个汤池东西长 3.6 米，南北宽 2.9 米，大约有

莲花汤

唐玄宗莲花汤的六分之一大，说明汤池主人的等级地位比莲花汤要低。专家判断这是杨贵妃沐浴的海棠汤。

之所以认为这个汤池是海棠汤，第一是因为这个汤池与莲花汤的距离非常近，两者几乎是挨着的，这个距离说明两个汤池的主人关系非同一般；第二是因为这个汤池的造型非常别致，平面像一朵盛开的海棠花，中间还有一个花蕊，水就是从花蕊里面流出的。

当然，考古人员还在汤池的墙里边发现了一块砂石，石上印刻有一个"杨"字，也表明这个汤池是给杨贵妃的。

考古人员还发现，莲花汤和海棠汤的位置与天上的星象是相吻合的，天上妃子星的位置就在帝星的西北方向，这又可以"上和天象"。

莲花汤汤池遗址

莲花汤汤池线条图

中国四大美女之一杨玉环沐浴用的汤池被发现，这个消息让考古人员振奋不已。

在此之前，人们从唐代诗人白居易《长恨歌》的描述"回眸一笑百媚生，六宫粉黛无颜色。春寒赐浴华清池，温泉水滑洗凝脂"中，可以想见杨玉环不仅长得丰腴美艳，有闭月羞花之貌，而且肌肤白皙柔滑，据说，这与她长期泡温泉大有关系。

盛唐华清宫

海棠汤又名"芙蓉汤",老百姓常称为"贵妃池"。在古人心目中,海棠盛开在三月,是报春的使者,寓意着"美好"和"希望"。且道教认为,女人在海棠花中沐浴可以祛病消灾、青春永驻。由于温泉汤的神奇功效,杨贵妃在这里一泡就是十几载。

据载,杨贵妃沐浴时,常把鲜花花瓣、中草药和一种从西域进口的香料放入水中,它们能够镇静安神,消除各种难闻气味,并且使身体保持三天香气不散。加上泉水中的硫黄等矿物质不但可以祛除邪气、免除疫病,也能使皮肤变得润滑无比。

作为皇帝和宠妃独享的浴池,莲花汤和海棠汤当然是华清宫里至尊的建筑了。

整个浴殿都是洁白无瑕的,浴池周围、台阶、内部和底部,全都是用玉一样的白石铺造而成。而且,浴池底部和内部还镌满了鱼龙花鸟的浮雕装饰,随着池内水波的漾动,满池的鱼纹花影仿佛有了生命一般,在水中摆动起来。

海棠汤浴殿

杨贵妃是集三千宠爱于一身的人，后宫佳丽三千，却只有她一人有专属的汤池，由此可以看出她的地位之尊贵。那么，杨贵妃到底是个什么样的人？她是如何走入唐玄宗的视野？为什么在成千上万的后宫佳丽中，唐玄宗只宠爱杨贵妃一人呢？

杨贵妃，原名杨玉环，史书称她不仅具有倾城之色，而且天资聪颖，歌舞俱佳，通晓音律。

735年，杨玉环成为唐玄宗之子寿王李瑁的王妃，也就是玄宗的儿媳。

737年，正值开元盛世，国泰民安，然而这一年，唐玄宗深爱的武惠妃却病逝了。后宫佳丽三千，竟再也找不到一个可以排忧解难的人，内心深处的孤独使玄宗终日愁眉不展、郁郁寡欢。这情景可愁坏了宦官高力士，于是他便暗查宫内外，终于发现了通音律、善歌舞的杨玉环。

在高力士的刻意安排下，唐玄宗在华清宫第一次召见了杨玉环。唐玄宗被杨玉环的美貌、智慧、歌舞及性情深深打动了，于是不顾"父夺子妻"的尴尬，先让杨玉环入宫当女道士作为过渡，随即于745年，册封为贵妃。唐玄宗对杨贵妃可谓是万般宠爱，及至后期甚至于终日厮守，置其他嫔妃于不顾。

盛唐华清宫

海棠汤汤池遗址

华清宫芙蓉殿

杨贵妃宠冠后宫，是有原因的。

首先，她与唐玄宗都信奉道教，共同的宗教信仰加深了他们的情感。同时，杨贵妃不仅天生丽质，还兼具智慧，她能歌善舞、才情出众。而唐玄宗在音乐、舞蹈、诗词、绘画方面的造诣也极高。两人志趣相投，可谓珠联璧合，玄宗对她自然专宠有加。他们共同谱就的《霓裳羽衣曲》，堪称伟大的艺术作品。

## 等级分明的各式汤池

华清宫既然是温泉宫，泡温泉自然是重头戏。

古人称热水为汤，所以温泉也称"温汤"。在等级森严的古代，泡温泉也是有等级之分的，如有皇帝的御汤、有贵妃的贵妃汤、也有太子的太子汤等。这些都是专汤，专人专用，闲人免进。除此之外，华清宫也修建了很多公共温泉，如给后宫其他妃子用的长汤，给大臣用的尚食汤，给梨园弟子用的小汤和给宜春院女艺人用的宜春汤等。

1982年，根据《长安志图》中所画的位置，继唐太宗的星辰汤、唐玄宗的莲花汤、杨贵妃的海棠汤被陆续发掘后，考古专家在唐华清宫建筑遗址中又陆续发掘清理出了其他几个形制各异的汤池。

在这些汤池附近，考古专家挖掘出土了一些陶质水管道，由此判断汤池之间由陶质水管道相连，形成完整的供、排水系统。

供官员沐浴的尚食汤

太子汤汤池遗址

消失的文明: 宫殿

温泉古源

二号出水口

温泉古源

而且，考古人员发现，这里的各个汤池都有独立的供排系统，相互不干扰。人们在沐浴时，只需将排水孔堵起来，温泉水就会通过管道送到汤池里，池里水位会不断升高；沐浴结束后将排水孔打开，池水就会排出去。即使某个汤池被堵，也便于维修，其他汤池不会受影响。

有意思的是，温泉水流经各汤池的先后顺序，唐玄宗也是仔细斟酌过的。

考古人员在星辰汤附近发现了两个温泉水源：一号源头流出的温泉水，通过管道先流入唐太宗的星辰汤，由星辰汤流入供六部官员沐浴的尚食汤，再由尚食汤流入宜春汤、小汤等汤池；二号源头流出的温泉，通过管道流入唐玄宗的莲花汤，再由莲花汤流入杨贵妃的海棠汤。

一号源头的设计一方面考虑到等级礼制，另一方面考虑到"星辰汤"曾为先皇御用，不便另作他用，更不能拆除，怎么办呢？于是唐玄宗下令，将温泉水先从源头引入星辰汤，再从星辰汤流到其他汤池，暗寓着皇恩雨露遍赐众生，同时也利用先皇的威望进一步巩固皇权，希望沐浴的人能为大唐王朝的江山社稷效忠出力。

这些汤池的出土，为华清宫的考古提供了真实可靠的依据，极大地增强了考古人员的信心。众多汤池的修建，也印证了华清宫确实如史料所说，在唐玄宗时期达到了鼎盛。

据史料记载，唐华清宫是以这几个汤池为中心，向四方展开的一个庞大的宫殿建筑群。那么，除了这几个汤池外，其他的建筑又在哪里呢？千年前的大唐华清池到底是一座什么样的温泉宫殿呢？

## 梨园祖师

随着考古工作的进行，在莲花汤、海棠汤北边约110米的地方，考古人员挖掘出了一处遗址，它的形制与之前发现的几处汤池遗址不太一样。

盛唐华清宫

从形制来看，此处遗址是一个小院，院内有一些房子，带有回廊。这里还出土了一些人物造像，还有建筑用的活页、挂钩等饰件，以及一件带弦纹的骨器。专家推测，这个骨器很可能是当时某件乐器的配件。

对比《长安志图》，专家发现，此处遗址与唐华清宫梨园的位置相符。且据志图记载，在梨园旁还有一个小汤。事实确实如此，考古人员从对应位置真的发掘出土了一个小汤池。由此专家确定，这里就是唐华清宫梨园遗址所在地。

梨园，原是唐代都城长安的一个地名，最初它只是皇室宫廷里一处供皇家子弟休憩玩乐的果园而已，跟音乐没有任何关系。后来，因唐玄宗痴迷音乐，集聚了一批艺人在此演奏音乐，梨园也就由一个供皇室贵族游玩的场所演变成一个音乐艺术中心。

梨园出土的荷叶挂钩

梨园出土的骨器

187

《新唐书》记载:"玄宗既知音律,又酷爱法曲,选坐部伎子弟三百,教于梨园,声有误者,帝必觉而正之,号皇帝梨园弟子。"

梨园由此变成了唐玄宗带领梨园弟子们排练曲目、唱歌跳舞的场所。也正是从唐玄宗开始,戏曲艺人被称为"梨园子弟"。

唐玄宗李隆基多才多艺,不仅熟知音律、能谱词写曲,还精通各种乐器,打得一手好羯鼓,对音乐、舞蹈都颇有研究,堪称戏曲行家。著名的词曲《雨霖铃》《霓裳羽衣曲》《紫云回》《凌波曲》等都出自其手,流传至今。可以说,在中国历史上,像唐玄宗这样具有极强音乐天赋和才能的皇帝,绝无仅有了。

热爱音乐的唐玄宗,还专门组建了"宫廷乐队",选拔300名乐工、舞女置于梨园,并且亲自在梨园训练调教他们。乐工弹奏有破音走调处,唐玄宗总是能听出来,并纠正他们。而且,唐玄宗经常亲自去掌管音乐的部门太常寺挑选人才,带到梨园授课教乐。由此可见,当时梨园的地位有多高,艺人们有多受重视。

而集三千宠爱在一身的杨贵妃也跟玄宗一样,酷爱音乐和舞蹈。

一次,玄宗倡议用大唐乐器配合西域乐器和歌舞开一场演奏会,杨玉环积极应和。当即,玄宗击鼓,杨玉环弹奏琵琶,梨园弟子轻歌曼舞、宫女翩然起舞,梨园仿佛人间仙境。

中国国粹京剧

消失的文明：宫殿

飞霜殿华清宫

梨园遗址出土的人物造像

　　唐玄宗时期，梨园人才辈出，涌现出了雷海清、李龟年、许云封等优秀人才，他们都是在梨园学习了音乐技能后，逐渐发展出自己的音乐风格；优秀的音乐作品也如雨后春笋般不断涌出，唐代音乐由此到达了一个高峰。

　　在唐朝，梨园弟子十分活跃，他们的表演成为皇亲国戚宴会的必备节目，也是市井生活中不可或缺的娱乐元素。这些活动不仅彰显了梨园弟子的艺术才华，也成为唐朝文化繁荣和社会生活丰富多彩的象征。

安史之乱后，梨园弟子流落民间，他们的音乐也得以在民间广泛流传。此后，"梨园"之名一直被用来称呼戏曲的演出场所，"梨园弟子"也因此成为戏曲演员的代称，而唐玄宗则被梨园弟子尊为"戏曲祖师"。

梨园遗址出土的人物造像

## 华清宫全貌重现

文献记载，唐玄宗和杨贵妃的寝殿称为飞霜殿，位于海棠汤和梨园之间。据说，这里冬天十分暖和，每到大雪漫天飞舞之际，天空的雪花还没触及地面，就被大殿周围温泉水的热气蒸腾而上，化雪为霜，故名飞霜殿。

正是由于骊山风景秀丽、温泉水暖滑润，最初唐玄宗游幸华清宫一般只是冬天大约待上半个月。自从有了杨玉环的陪伴，唐玄宗游幸华清宫的次数日渐增多，停留时间也越来越长，有时多达3个月之久。

唐建筑斗拱

消失的文明:宫殿

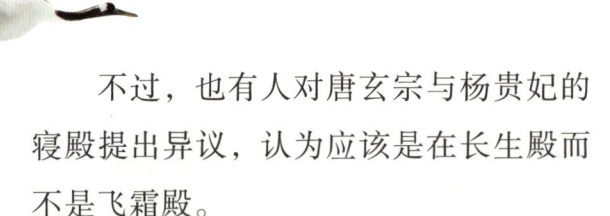

不过,也有人对唐玄宗与杨贵妃的寝殿提出异议,认为应该是在长生殿而不是飞霜殿。

唐代诗人白居易在《长恨歌》中曾写道:"七月七日长生殿,夜半无人私语时。在天愿作比翼鸟,在地愿为连理枝。"讲的就是在751年的七月七日,唐玄宗和杨贵妃在骊山长生殿对天盟誓的故事。但考古学家认为,长生殿是相当于天坛一样的祭天之处,而不是寝殿。

那么,这座著名的长生殿在哪里呢?史书中记载,长生殿应该在骊山上。遗憾的是,考古专家没能发现长生殿遗址的位置,但找到了长生殿旁边的集灵台。集灵台,应该也是唐玄宗在骊山上祭天的地方。

唐玄宗和杨贵妃二人信奉道教。在唐玄宗晚年时,两人越发感觉到人之将老这种不可抗拒的自然力量。他们希望长生不老,希望能够来生再续夫妻情缘,

西安华清宫长生殿

于是在集灵台上向上天祷告、对天盟誓永结同心。

在集灵台北边20米的地方，考古专家发掘到一些建筑遗存及出土文物。专家根据史书推测，这处建筑应为朝元阁。朝元阁东西长约90米，南北宽约40米，始建于天宝二年（743年），是盛唐皇家依山而建的大型建筑，也是唐代华清宫规模最大的建筑群。

朝元阁建在一座利用山顶原有地貌削岩填坡而成的6米的夯土高台上，以高台为中心布局主体建筑、东西踏道、北廊房、东西廊房、西侧附属廊房五个部分，构成高低起伏、檐牙交错的复杂形制。

考古专家在朝元阁南约300米的地方，确实发现了一些造像残块、鎏金铜花叶、兽面砖，还有一尊193厘米高的汉白玉老君像。经考证认为，这里是老君供奉之地。

据《长安志》记载，老君殿在"朝元阁之南，玉石为老君像，制作精绝"。这源于唐玄宗的一个梦，说是一天他梦见太上老君降临朝元阁，醒来后就下令塑了老子的玉像，供奉在老君殿内便于百官朝拜。后来，唐玄宗又下令在阁内画高祖、太宗、高宗、中宗、睿宗五位皇帝像。

考古发掘证明，老君殿和朝元阁之间由300米长的回廊连接，使两组建筑融为一体，组成了规模宏大、布局合理的道教建筑群。朝元阁和老君殿是目前我国发掘出土的最为完整的、唐代等级最高的皇家内道场。

朝元阁也是骊山上最佳的观景点，备受达官贵人和文人墨客们的青睐。文人墨客笔下描述的朝元阁是非常高大的，甚至可以和昆仑山相比，足以想见这组建筑群的壮观宏伟。

朝元阁出土的陶制排水管道

老君殿出土的汉白玉老君像

老君殿出土的鎏金铜花叶

专家从《资治通鉴》《新唐书》《旧唐书》等典籍发现，老君殿和朝元阁的诞生有着极其复杂的政治背景，更有唐玄宗秘不示人的隐私。

一方面，唐玄宗李隆基为了加强统治，自诩为道教创始人老子李耳的后裔，在全国很多地方建立老君殿，修老君像，崇道抑佛。其实他的目的一方面是暗示天下：李氏王朝是君权神授，不要有叛逆企图；另一方面，唐玄宗也梦想能够得道成仙、长生不老。

专家们在山下发现了9个汤池遗址和梨园遗址，在山上发现了集灵台、朝元阁、老君殿遗址。这些遗址的位置、形制与史料的记载完全吻合。

唐华清宫的考古挖掘工作，一直持续了14年之久。随着考古工作的深入，层层迷雾被拨开，唐华

朝元阁复原图

朝元阁建筑复原图

清宫的整体形制终于重现在世人面前。

唐华清宫由骊山禁苑、皇宫、昭应县城3部分组成。它坐南朝北，背靠骊山、面向渭河，总面积100多万平方米，是故宫的1倍多。华清宫所有宫殿建筑均部署在缭墙内，栉比鳞次、错落有序。

昭应县城，即今天的临潼区，位于皇宫之北，为居民区和商业区；来华清宫随侍的官员们都居住在这里。

华清宫芙蓉殿

清宫昭阳门

　　出昭应县城南门是望仙桥,因唐玄宗企慕神仙而得名。桥南东西两边是平坦宽阔的大广场。广场将皇宫和居民区分开,一方面确保了宫阙的安全,另一方面也可以阅兵演武。

　　场南并排依次建有左、右讲武殿。讲武殿南的左、右朝堂,是百官上朝商讨国家大事和等候皇帝召见的地方。

盛唐华清宫

宫城有四门：北为津阳门，南为昭阳门，东是开阳门，西称望京门。

宫内分东、中、西三区，以隔墙分开。

东区是唐玄宗和后妃沐浴、休息、宴饮娱乐的地方，有歌舞音乐场所梨园、唐玄宗和杨贵妃的寝殿飞霜殿及莲花汤和海棠汤。中区有皇帝处理朝政的前后大殿，还有太子、官员等沐浴的汤池。

西区建筑与玄宗希望得道成仙有关。有祈求得到长生不老药而修建的果老药堂，供奉历代祖宗的十圣殿，供奉神仙、修身养性的功德院等。

宫城东部为宫中游乐场，宫城西部是珍禽异兽院和花园。

骊山上下建满了宫殿、亭台，著名的有长生殿、朝元阁、老君殿等。"长安回望绣成堆，山顶千门次第开"，台殿环列，难以胜数。

据现存残缺的史籍统计，唐玄宗在位45年间，游幸华清宫达44次。每次游幸百官随侍，处理朝政、商议国事、接见外使都要在这里进行，华清宫逐渐成为当时的政治、经济中心。

消失的文明：宫殿

华清宫

## 遗梦华清宫

唐玄宗不但在这里进行重大的国事活动，还经常在这里举行各种各样的游宴活动，过着骄奢淫逸的生活。

文献记载，唐玄宗有两个爱好：一是斗鸡，二是养马。

唐玄宗有多爱斗鸡？据唐代文学家陈鸿《东城父老传》中记载："玄宗在藩邸时乐民间清明节斗鸡戏，及即位，治鸡坊于两宫间，家长安雄鸡，金毫、铁距、高冠、昂尾千数，养放鸡坊。"唐玄宗做了皇帝之后，专门在皇宫内设立了鸡坊，并

盛唐华清宫

从街市上买了善斗雄鸡数千只，还专门从六军中挑选几百名小儿来训练这些雄鸡。

斗鸡少年贾昌，因为训练斗鸡的功夫突出被唐玄宗相中，成了皇帝的斗鸡好友，并顺理成章地做了鸡坊的首领。据说，贾昌训练过的公鸡，个个骁勇善战，每次斗鸡结束后还会像士兵一样排列站好，等皇帝检阅后再有序回到鸡坊。

贾昌的训鸡才能备受唐玄宗喜欢，不仅给他加官晋爵，还为他做媒令其娶妻。因唐玄宗对斗鸡的喜好，对贾昌的倾宠也长达40余年。两人经常约着斗鸡，每次都会出动几百只斗鸡，仔细挑选后进行斗鸡表演，还邀请官员观看。一时间，民间斗鸡蔚然成风。

斗鸡

华清宫芙蓉殿

盛唐华清宫

唐玄宗还爱马成痴，他命人遍寻天下好马，网罗来 400 多匹好马养在宫中，并亲自调教。这些马的待遇非常高，吃着上好的草料，穿着上等丝绸做成的衣服、身披流苏。这些马全都经过专门培训，会随着音乐踢踏跳舞、俯身下拜、飞奔旋转，甚至它们还会口衔金杯，跪到唐玄宗的面前向他祝寿。

陕西历史博物馆的镇馆之宝，也是我国首批永久禁止出国（境）展览的文物之一——鎏金舞马衔杯纹银壶，就是唐玄宗爱马成痴的见证。

这件银壶壶身上的马就是鼎鼎大名的舞马。它后腿曲坐，前腿站立，口中衔着一只酒杯，证实了"舞马祝寿"的真实性。可想而知，一千多年前的唐玄宗是怎样极尽至高无上的权力，来满足自己贪图享乐的骄奢生活的。

"八十一车千万骑，朝有宴饮暮有赐。"晚年的唐玄宗几乎将政府机关从长安搬到了骊山，由此慢慢形成了以华清宫为中心的新城市。可以说，唐玄宗和杨玉环的一半光阴都是在华清宫度过的，"骊宫高处入青云，仙乐风飘处处闻。缓歌慢舞凝丝竹，尽日君王看不足"。两人琴瑟和鸣，或听戏或乐舞，华清宫见证了二人情意缠绵的爱情。

鎏金舞马衔杯纹银壶

华清池建筑细节

那么，这座鼎盛于唐玄宗统治时期的华清宫，最终为什么会消失呢？

原来，自从有了杨玉环的陪伴，在华清宫的温泉水雾中，缔造了开元盛世的唐玄宗越来越疏于朝政，继而整日沉迷于奢靡享乐、修仙入道的生活。

就在这时，一个叫安禄山的人来到了华清宫。

盛唐华清宫

他不仅舞起胡旋舞来疾如风,而且乖巧圆滑、巧舌如簧,常常寻求各种机会极力讨好、献媚于唐玄宗和杨贵妃,很快就获得了二人的信任,甚至甘做杨贵妃的义子。

750年,安禄山被唐玄宗封为东平郡王。非皇室血统而封王,这在大唐历史上,是极其罕见的。仅仅几年时间,安禄山就成为大唐最有权势的封疆大吏。可让唐玄宗万万没有想到的是,让自己信任不已的干儿子,竟然给盛世大唐带来意想不到的厄运,让唐朝由盛转衰。

755年10月,唐玄宗和杨贵妃还在华清宫内轻歌曼舞、纵情享乐,手握天下劲兵的安禄山借口讨伐杨国忠发动了叛乱,一时烽烟四起。叛军一路势如破竹,直捣长安,而唐军却节节败退。

756年,长安门户潼关失守,长安无险可守。为了躲避叛军,惊慌失措的唐玄宗在禁军护卫下仓皇出逃,前往四川避难。

华清宫长生殿

由于出逃过程非常仓促和混乱，众人什么都没有来得及准备。一路向西，途经咸阳，"官吏骇散，无复储供。上憩于宫门之树下，亭午未进食。"饥饿难耐的众人又一路来到金城，"驿中无灯，人相枕藉而寝，贵贱无以复辨。"马嵬驿成了最后的希望，但等众人来到马嵬坡，看到的景象仍然是：官员逃跑，空无一物。

饥饿、怒火、恐惧，导致这些禁军士卒爆发了兵变。他们不仅杀死了杨国忠，而且还逼迫唐玄宗处死了杨贵妃，这就是历史上著名的马嵬坡兵变。

在马嵬坡杀死杨玉环后，唐玄宗流离到巴山蜀水，只有少量扈从跟随。此后，太子李亨继位，指挥全国平息了叛乱，将玄宗尊为太上皇。

757年12月，长安光复后，唐玄宗从蜀中回到了京师。第二年10月，百般怀念杨玉环的唐玄宗重新回到了华清宫。然而这里已是人去楼空，再也不见往日的繁华。看着眼前这座破败的宫殿，他回想起当年与杨贵妃在这里形影不离，过着神仙般的日子，如今却只剩下自己一人形单影只地苟且度过余生。唐玄宗不由得潸然泪下、肝肠寸断。

762年，唐玄宗李隆基在屈辱、悔恨和思念中，孤独地离开了人世，享年78岁。

763年，持续八年之久的"安史之乱"也落下了帷幕。

安史之乱如同一柄利剑，撕裂了大唐盛世的华丽面纱，唐玄宗从皇帝的宝座上跌落下来，大唐从盛世的巅峰被推倒，曾经歌舞升平的景象消失得无影无踪。

大唐盛世不再，曾经的辉煌和繁华一去不复返。王朝变得摇摇欲坠，宦官专权、藩镇割据，从此大唐王朝在风雨中飘摇。

而盛极一时的华清宫，是怎么被毁坏的呢？难道是在安史之乱的战火中被焚毁殆尽了吗？

考古人员翻阅了各种文献，都没有找到安禄山进军及撤离长安时将华清宫付之一炬的记载。

据李好文在《长安志图》中记载："禄山乱后，天子游幸益鲜，唐末遂废。"说明，华清宫在安史之乱后还有皇帝游幸过，只不过"安史之乱"后，唐王朝江河日下、国势日衰，加之华清宫背上了"祸国殃民"的罪名，从而声名狼藉被世人唾弃不齿。在此后的数百年里，再也没有帝王在这里修建过离宫别苑，唐华清宫也再难现往日恢宏的景象。

拴马桩石雕

唐之后的各代皇帝，已很少再出游华清宫。随着政治、经济中心的东移，华清宫也再没能重现过唐时的辉煌盛况。

宋代时，华清宫"汤所馆殿，鞠为茂草"，建筑物已十分破烂。人们将华清宫改名为"灵泉观"，并未重建华清宫，而是"刊故宫图于石"，后人只能通过图来了解唐时华清宫的盛况。

盛唐华清宫

在经过多年风雨侵蚀、烈日暴晒后，华清宫的大多数建筑年久失修，加之山上泥土冲积掩埋，中国历史上最为恢宏的皇家温泉宫殿，就这样日渐破败，消失于历史的风烟中。

我们现在所见的华清宫，是中华人民共和国成立后人民政府大规模重建、扩建的，古老的华清宫由此焕发青春。

华清宫，这座充满了浪漫和传奇色彩的帝王别宫，经历了大唐盛世的奢华与荣耀，也见证了唐王朝一步步走向兴衰的风雨足迹。它作为盛世大唐的一个符号，伴随着盛唐的衰落，成为永不消失的记忆。

华清宫广场

华清宫莲花汤出土的三彩套兽

唐代第一离宫
九成宫

# 离宫之冠九成宫

九成宫，是隋、唐两朝皇家共用的一处避暑行宫，建于隋文帝开皇十三年（593年），竣工于595年，初名"仁寿宫"；唐时几经修复扩建，先后更名为"九成宫""万年宫"，后又恢复为"九成宫"并沿用至今。

836年，九成宫遭遇山洪泥石流，大部分宫殿被冲毁。从营建到冲毁至沦为废墟，九成宫共存在了200多年时间。

九成宫是皇家园林的集大成者，有着"离宫之冠"的美誉。杨素残民、唐太宗杖导出醴泉、魏征上书、薛仁贵救驾等重大历史事件都发生在这里，欧阳询的"人间第一帖"《九成宫醴泉铭》、唐高宗李治的行书《万年宫铭》等也成就于此。

陕西麟游县城

## 寻宫麟游

宝鸡市麟游县,距省会城市西安160多千米,地处陕西西部重重大山的包围之中,位置偏僻、交通不便,20世纪六七十年代因闭塞和贫穷而全国有名,不过它却因两尊石碑而声名鹊起。

一尊石碑为九成宫醴泉铭碑,记录的正是隋唐第一离

离宫之冠九成宫

宫"九成宫"的来历及其建筑的雄伟壮观。碑文介绍了宫城内发现醴泉的经过，歌颂了唐太宗的武功文治，也记录下魏征"居高思坠，持满戒盈"的谏诤之言。石碑碑文由魏征撰文，碑刻书丹由中国楷书"欧体"字的创造者欧阳询完成。

另一尊石碑则是唐高宗李治所创作的散文行草万年宫铭碑，描述了九成宫的宏伟建筑和麟游的山川形胜，碑阴有三品以上文武官员挂衔书名。

名宫、名人、名碑，让麟游这个保存着中国最完整隋唐离宫的小县城，一下子变成了考古人眼中的历史文物圣地。社会科学院隋唐研究室考古研究员马得志先生，就曾多次到麟游探访，对麟游石碑格外重视。他曾嘱咐当地的文物专干一定要保护好碑石，它们承载着丰富的历史信息，一旦损毁，将是巨大的损失。

消失的文明：宫殿

20世纪70年代，麟游地区发生持续暴雨，《九成宫醴泉铭》碑石所在地一直在下沉，碑石随时有倾斜、倒掉甚至摔断的危险，石碑安危更是紧紧牵动着考古人员的心。

1978年，国家决定对九成宫遗址进行全面的保护性考古发掘工作。1996年11月，隋仁寿宫唐九成宫遗址被国务院批准公布为第四批全国重点文物保护单位。40多年来，考古人员在九成宫遗址陆续发现了皇城城垣、点将台、诸多宫殿、亭台楼榭、寺庙、宫廷水井等众多遗存。

随着遗址考古工作的深入开展，九成宫的神秘面纱被层层揭开。1000多年前，隋唐两朝的帝王如隋文帝杨坚、隋炀帝杨广、唐太宗李世民、唐高宗李治及武则天，多次驾幸此地避暑议政，经常一住就是半年多，办工行政、发号施令都是从九成宫发出的。这里虽然是一处离宫别苑，却一度成为全国政治、文化、宗教、军事指挥中心。

而自离宫问世以来，它自然成为历代上层知识分子歌咏、描绘的对象。王

维、杜甫等众多文人留下了关于它的诗篇；从青绿山水到界画楼阁，它是众多画家追捧的主题。2005年，一幅清代袁耀的《九成宫图》被拍卖，售价高达1.1亿，创下书画作品的新纪录，可见九成宫的影响力之大。

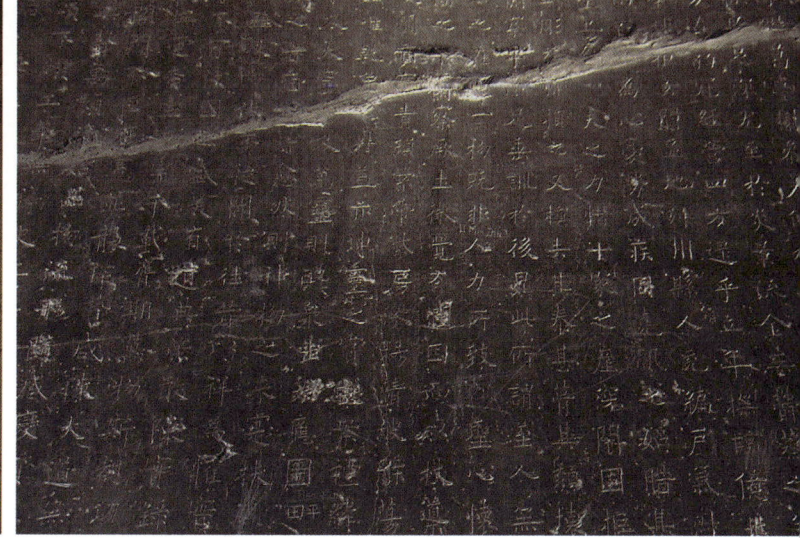

九成宫（复原图）

麟游位置图

《九成宫醴泉铭》碑

消失的文明：宫殿

被洪水淹没的稻田和村庄

　　众所周知，隋、唐两朝是中国历史上较为强盛的时期，两朝在政治、军事、文化、经济、科技上都达到前所未有的发展。其中不得不提的是，唐朝全面建立了影响中国社会一千余年的科举制度，而科考的试卷正是以欧阳询的欧体字为标准字体的。可以说，欧体字是千年来中国文人的第一块敲门砖，由此可见，刻录着欧阳询书法的九成宫醴泉铭碑，在中国历史上意义重大。

　　在考古专家看来，建筑是历史的纪念碑。九成宫醴泉铭碑的意义还不仅限于名家、名字，它之所以如此重要，在于它记

述了中国历史上被称为"离宫之冠"的存在。

史书记载，九成宫毁于一场百年不遇的特大洪水和泥石流。

考古人员在探查麟游时发现，麟游老县城暴露于地面的夯土台基起码有六七座，推测其应该是建于六七百年前的明朝年间；而在老县城以西2.5千米的山下，是20世纪60年代人们才逐渐搬迁建立的新城区，这里才是九成宫醴泉铭碑的所在地。

也就是说，在九成宫被淹没后，人们逐渐搬迁到山上的老县城一带居住；而离宫所在地，由于严重的水土流失以及1000多年来少有人居留，就这样完整地掩埋在了厚达2~4米的黄土之下。

九成宫遗址

## 消失的文明：宫殿

这与世界考古史上庞贝古城的经历颇为相似。古罗马帝国第二大城市庞贝，是一座拥有神庙、大会堂、浴场、斗兽场等设施并且奢华富丽的城市，它是古罗马繁荣生活的集中体现。但在79年，一场突如其来的火山爆发却将它全部掩埋了。考古学家们经过了两百多年的努力，才让它重见天日。

那么，九成宫考古会带来怎样的结果？真正的九成宫是什么样的？与它有关的1000多年前的那段历史又是怎样的呢？考古人员试图利用科学手段揭开九成宫的原貌，通

考古发掘

《九成宫纨扇图》

过考古证据去复原这段完整的历史。

  有意思的是，自从麟游考察开始，马得志先生一直随身携带着一幅山水画：唐代著名宫观山水画家李思训的《九成宫纨扇图》。这幅扇面画，其上有乾隆御览之宝、养心殿鉴藏宝等印文，真迹现收藏于故宫博物院。

  马得志先生认为，这幅图是历代画作中距九成宫留存年代最近的一幅，所以决定大胆一试，参考画作来寻找1300年前消逝的宫城。画作虽不完整，只显示了宫城的局部，不过其中最显著的景观便是瀑布和西海湖，它们可以作为很好的标志物。考古专家决定按图索骥。

## 离宫之冠

据载，九成宫宫殿建在麟游天台山东西狭长的山谷里，整座宫殿依山傍水、夯土筑成。宫城缭墙依四周山势而围，禁苑、官署、武库、寺观、马牧监等错落山间；主宫殿中轴线呈北斗七星状分布，内宫位于天台山平地的制高点，可将整座九成宫美景尽收眼底；宫城西墙之外就是碧波粼粼的西海湖。

可见，九成宫的建筑规模和规格跟皇宫差不多，它有前宫、内宫之分，有办公区、商业区、官司区、皇宫区之别。对比而言，九成宫是完全有别于其他皇家行宫别苑的。比如华清宫，其在建筑规模和形制上就做了很多简化，仅仅只是一座温泉行宫而已，由此可见九成宫在历朝诸多离宫中的重要地位。

人们探查发现，麟游的整体布局为三山环绕、三水汇流，水为杜水、北马坊河和永安河。麟游县城绝大部分位于北马坊河以东，而北马坊河西边则紧临屏山，对比《九成宫纨扇图》不难推测，瀑布的位置只可能在北马坊河上游。

很快，在永安河与杜水汇合处以东300米的地方，考古人员又发现了拦河坝的遗迹。这意味着1000多年前，上游水位是被整体提高的，今北马坊河中间的河谷地带很可能曾是湖泊，也就是图画中游者荡舟的西海湖所在地。

离宫之冠九成宫

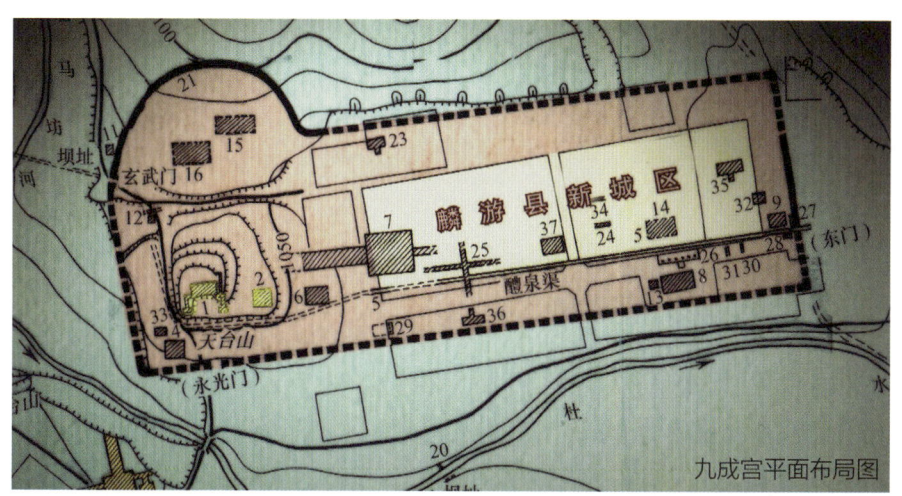

九成宫平面布局图

宫殿遗址

这两处一确定，水边宫殿的位置就十分明显了。初战告捷，大家的兴奋之情难以自抑。

据史书记载，九成宫的前身是隋文帝杨坚时期营建的仁寿宫。

开皇年间，隋文帝下诏让各州府县的地方官员将当地的山川名胜绘成图本上奏朝廷，他准备选址营建一处避暑的离宫。最终，隋文帝从众多名胜中选定了距离长安300多里的镇头天台山建造避暑胜地。这里海拔1000多米，三伏天的平均气温也才20摄氏度，凉爽宜人，是消夏的好去处。

据悉，1000多年前的隋唐时期，关中地区的夏季气温和湿度要比现在高一些，长安城内更是湿热难耐，唐太宗就曾说过"朕性不宜热"，历代帝王相继在长安附近海拔稍高的地方修建了行宫。

宫城营造是一项浩大的工程，右仆射杨素为总监、宇文恺为将作大匠、封德彝为土木监，崔善为为督工，全国召集几万能工巧匠，从开皇十三年（593年）二月施工，一直持续到开皇十五年（595年）四月才竣工，历时两年三个月。

整座宫殿外城绕圈修筑了长1800步的城垣；内城筑高台、建阁楼、修长廊、架水桥，山上建大殿，殿后聚水成湖，可谓是殿宇成群，极尽奢华。

宫殿建成后，隋文帝取"尧舜行德，而民长寿"之意，命名为"仁寿宫"。

离宫之冠九成宫

隋文帝像

消失的文明：宫殿

九成宫（复原图）

而离宫所在地之所以叫麟游，传说是仁寿宫建成后不久，宫中飞来一只白色麒麟。白麟是祥瑞之兽，隋文帝当即下令将此地改名为"麟游"。

仁寿宫代表着隋代建筑的最高水平，宫室极尽奢华壮丽，也因此被世人誉为"离宫之冠"。它虽曰"仁寿"，却是建筑在万人尸骨之上的。

据载，仁寿宫仅用一年即告完工；修建宫殿时，无论削山还是填谷，从不吝惜人力，上万民夫因此丧命。

杨素督工极其严酷，民工死了就填埋到坑里，盖土筑为平地。仁寿宫落成后，民工尸体摆满山道，杨素就下令用火焚烧清除。杨坚得知后大怒，斥责杨素："为吾结怨天下。"但独孤皇后却很满意，对杨素说："尔知我夫妇年迈无以自乐，盛饰此宫岂非忠孝。帝王自古有离宫别馆，今天下太平，造此宫何足损费。"显然，上层统治者是丝毫不在乎老百姓的死活，而只顾自己享乐的。

在初次游览仁寿宫之后，隋文帝杨坚对仁寿宫十分满意，转怒为喜，赐给杨素"钱百万、锦绢三千段"。在人生的最后十年，有七年时间，隋文帝杨坚都是在仁寿宫度过的，甚至有一年过春节也没有回长安，由此可见仁寿宫的魅力有多大。

麒麟雕像

消失的文明：宫殿

西安城墙景色

隋朝，在中国历史上是一个很短命的朝代，仅仅存在了30多年，不过它也是中国历史上第二次实现大统一的朝代，不仅一举结束了自西晋末年以来长达近300年的分裂乱局，平息各民族矛盾、重塑华夏民族，而且重振北方经济、清明政治，让整个社会更加稳定，为唐王朝兴盛埋下伏笔。

## 玄武门之变

隋亡唐兴，中国历史上迎来了最强盛的朝代。唐朝，领土面积达到了1251万平方千米，经济繁荣，令世界瞩目。大唐首都长安堪称当时世界上最大的城市，繁华热闹、万国膜拜。

长安，即今天的陕西省省会西安。在1000多年前的唐代，长安城的面积是今西安城墙内面积的10倍，是今北京故宫的110倍。作为当时世界上最宏大壮丽的都市，它设计周详、布局井然，以坐落在城北的宫城为核心，宫城、皇城、郭城渐次展开，既是封建皇权高度集中的反映，又是中华古典文明的顶峰。

唐建立后，以隋大兴城作为都城，只做了局部修建和扩充，改名为"长安城"。值得一提的是，大兴城是由隋朝最杰出的建造学家宇文恺规划设计的，他后来又受命设计了天下第一离宫隋仁寿宫。到了唐朝，唐太宗李世民将隋仁寿宫更名为"九成宫"。

唐太宗李世民是中国古代极为罕见的英明君主。他靠文治武功开创的"贞观之治"一直被后世所传颂。

李世民在位23年，执政期间极少大兴土木，唯一的例外就是修建大明宫和修复扩建麟游离宫九成宫，且都是为了同一个人——太上皇李渊。

贞观五年（631年），太宗李世民下诏修复扩建隋仁寿宫为避暑夏宫，并将其更名为"九成宫"，取"九重"或"九层"之意，来表达宫殿的雄奇高大。史书记载，李世民修整麟游离宫九成宫，本打算给父亲李渊避暑之用，但李渊始终不肯去。

贞观六年，九成宫修葺一新，当李世民再次恳求李渊到九成宫避暑时，李渊仍没有同意。李渊心中的纠结不会在史书中记载，不过后人推测出原因。

史学家们注意到，李世民的年号大有学问。夺取帝位后，李世民取年号为"贞观"。按照《易经》的解释，"天地之道，贞观者也。"贞，正也；观，示也。"贞观"即"示人以正"。李世民其实是以此表明自己的皇位是正当得来的，同时也想借"贞观"的年号明志，将用治国的成绩来证明自己皇位的实至名归。

这就不得不提到"玄武门事变"了。历史上人们大都认为，唐王朝辉煌卓越的289年基业，正是源于唐朝初年的这场政变。

洛阳应天门阙楼

玄武門之變

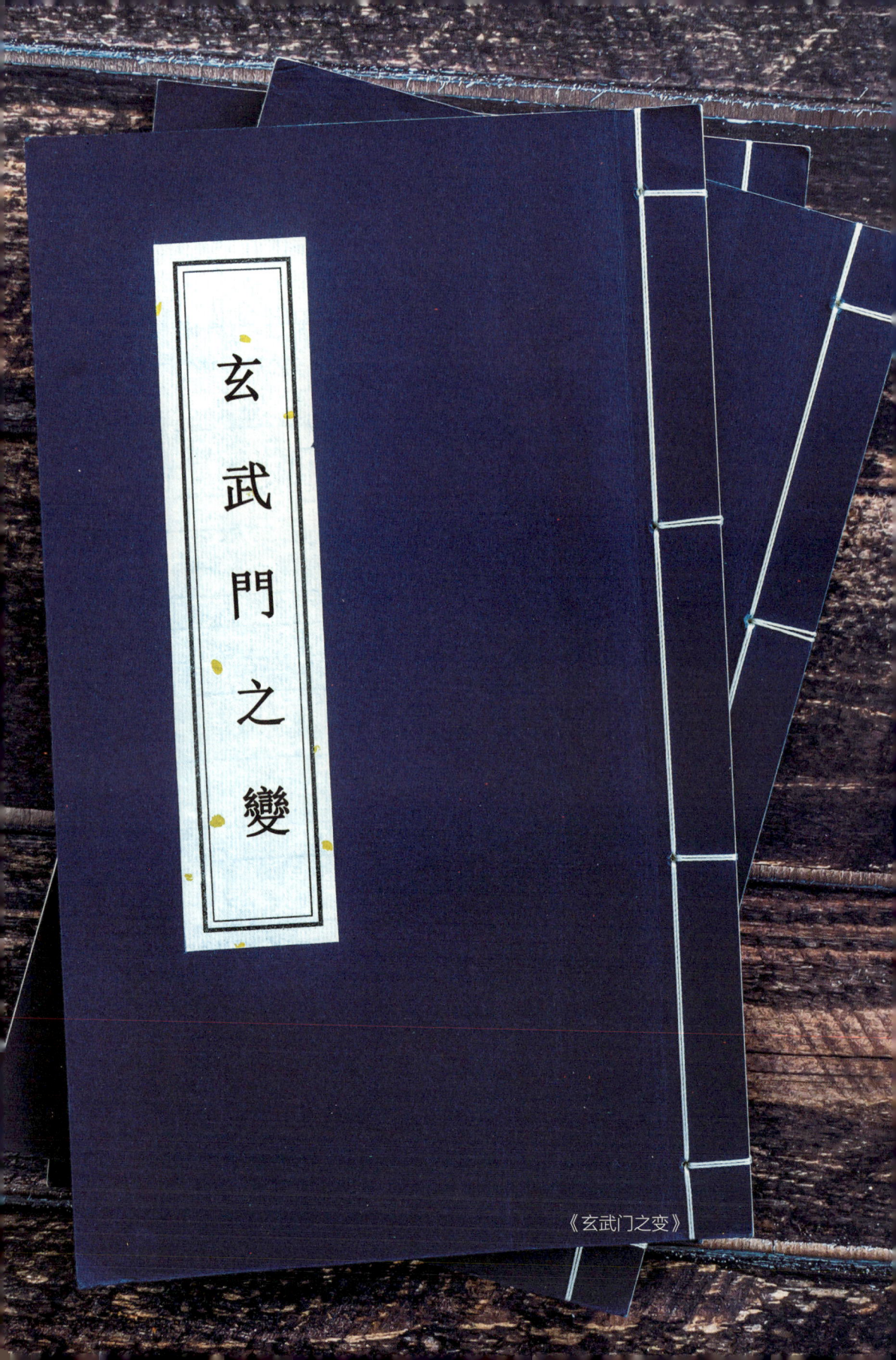

《玄武門之变》

武德九年六月初四（626年7月2日），唐高祖李渊次子李世民，声称"秦王以太子、齐王作乱，举兵诛之"，在长安城太极宫的北宫门（也即玄武门）附近埋伏，射杀了准备入朝的太子李建成和弟弟李元吉，并派亲信逼迫唐高祖李渊接受既成事实。随后，唐高祖被迫禅位，李世民坐上了皇位，成为唐太宗，由此开启了唐王朝繁荣富庶的新纪元。

很显然，李世民对自己弑兄逼父、武力夺权的行为讳莫如深，甚至亲自修改史书来美化玄武门事变。同时，李世民想建立一番伟业，不仅仅是给天下人看，更重要的还要向父亲证明自己无愧于座下的皇位，并希望得到父亲的原谅和认同。

那么又是什么原因让李渊不愿到九成宫避暑呢？是嫌它距离长安太远，过于偏僻？还是对宫殿的建筑不满意呢？

隋仁寿四年七月十三（604年8月13日），隋文帝杨坚在仁寿宫驾崩。民间传言和史书都认为，杨坚在人生的最后时刻决心废除太子改立前太子杨勇，太子杨广得知消息后匆忙赶来，派兵围住了宫殿，禁止他人进入，而自己则进去暗中害死了隋文帝。随后，杨广伪造文帝遗诏缢杀杨勇，从而顺利登上帝位。

作为曾经隋朝的高级官员，李渊深谙内情，联想自己当前的处境，虽然已退位为太上皇，他仍旧担心李世民仿效杨广暗杀自己。因此，他是怎么也不愿意去那里的。

事实证明，玄武门事变后，父子之间的心结并未消除。

不得已，贞观九年（635年），李世民下令在长安城北的龙首原高地上，为其父修建避暑行宫永安宫。李渊死后，永安宫的建造随之中断，直到唐高宗时，才在此基础上大规模再建，并改名为"大明宫"。

大明宫气势恢宏，规模是北京故宫的4倍多，可以说是有史以来的最大宫殿，同时也是唐朝空前强盛的体现。李世民之所以投入大量人力、物力、财力为父亲建造一座

离宫之冠九成宫

规模宏大的行宫别院,意图也十分明显,他想抹平父子之间的隔阂,让父亲看到自己的决心和努力。

不过无论如何,历史上著名的贞观之治开启了。

贞观四年(630年),当时世界出名的商业城市,有一半以上集中在中国,首都长安和陪都洛阳是世界性大都会。唐周边的各少数民族首领赴长安觐见,恭请李世民为天可汗。唐作为当时世界上唯一的最文明和强盛的大一统帝国,威震四方。

贞观六年,唐王朝全国人口数比贞观初年增加了一倍;府库甲兵,远胜于隋;这一年天下判死刑的人只有29人,出现了夜不闭户、路不拾遗的和谐景象。

贞观七年,莆州刺史赵元楷为迎接李世民巡幸专门整修皇帝驻地,不料却被李世民责问:这让老百姓增加多少额外负担?没几天,赵元楷羞愧而死。贞观时期,滥用职权和贪污渎职的行径是历史最低点。

《龙兴晋阳》塑像,正中骑马者为李世民

唐太宗昭陵

唐长安城布局

235

## 消失的文明：宫殿

1979年秋天，唐九成宫一号遗址的考古发掘工作正式展开。

一号遗址居高临水，破坏较为严重：宫殿柱础石一无所存，只残留下一些夯土台基、残砖和曲廊等。随着30厘米厚的黄土的剥离，宫殿遗迹逐渐显露出来，在殿址西端有一座夯土墩台。

看到这座墩台，考古专家心中一振。据当地人反映，数十年前，与之相对的东侧也有一座小山丘。也就是说，这座占地600多平方米、面阔五间、进深三间的殿堂，它的两侧应是双阙布局。

阙是中国古代一种礼制性、装饰性的建筑，通常建在城市、宫殿、宗祠、庙宇、陵墓门前，用来标示建筑，以壮观瞻。它通常作为最高皇权的象征，只有皇家建筑前才能立阙。

阙址的发现，让考古人员大为振奋。不过随着隋唐两朝建筑遗迹全都显露出来，大家开始困惑起来。

众所周知，中国古代建筑大都是建造在夯土垒筑的高台上的，因此台基四周都需要包壁砖和做防止雨水渗入的保护层散水。

考古人员发现，一号殿址的隋唐文化层是上下重叠的：唐代遗址在上、隋代在下，但是唐代散水的边界较隋代的边界缩进了2.4米，说明唐时的宫殿规模缩小了。

离宫之冠九成宫

大唐芙蓉园景观

消失的文明：宫殿

木材

　　并且，人们也能清晰地看到隋、唐两代在建筑工艺上的明显差别。相较而言，隋代的砌筑工艺比唐代要高超许多。隋朝的包皮砖采用的是磨砖对缝砌筑工艺，砌出来的墙壁十分光滑且看不出来砖缝。而唐代采用的是毛砖错缝砌筑工艺，相对较为粗糙。

　　按理说，大唐的国力远胜隋朝，且这是李世民登基5年后修建的第一座大型离宫，理应更讲究才是，为何唐代的建筑工艺反而不如隋朝呢？

　　在今麟游县东北方向有一处乡镇叫"崔木"。据记载，贞观五年，李世民派大将尉迟恭监修九成宫，但周围的木

唐砌墙法

隋砌墙法

材不堪其用，需要从北方调运。因此尉迟恭带人驻扎此地，催运木料，久而久之，"催木"便慢慢演变成了今天的"崔木"镇。

除崔木镇外，麟游附近还有木龙镇、木场等十余个与"木"有关的地名，仅是修复九成宫的工程就要动用如此大的人力物力，难以想象隋朝在兴建仁寿宫时又该是怎样一番劳民伤财的情形。

1980年，在今杜水河南岸，考古人员开始发掘三号宫。三号宫规模宏大，仅耸立着的巨大夯土高台就高出地面12米，事实上整座建筑延伸开来得有多达1000平方米。

消失的文明：宫殿

　　高台楼阁的主殿卓然于世，围绕它的3条阁道分别伸向东、西、北方向，东西两端伸到河边断崖，似乎与其他建筑架桥相连；北阁道呈斜坡慢道，向下直抵河岸，应该为到水边游玩的慢道码头；主殿东南方向还存有1.8米高的建筑基础，应该两端立有门阙。仅一个三号宫就如此巍峨壮观，整个宫城复原后又将是怎样的冠绝天下！

　　遗憾的是，已发掘出宫殿区主要集中在宫城以西，而更大范围的东侧被麟游县城所占，只能做简单的勘探，未能发掘。考古专家马得志据此初步恢复出隋唐

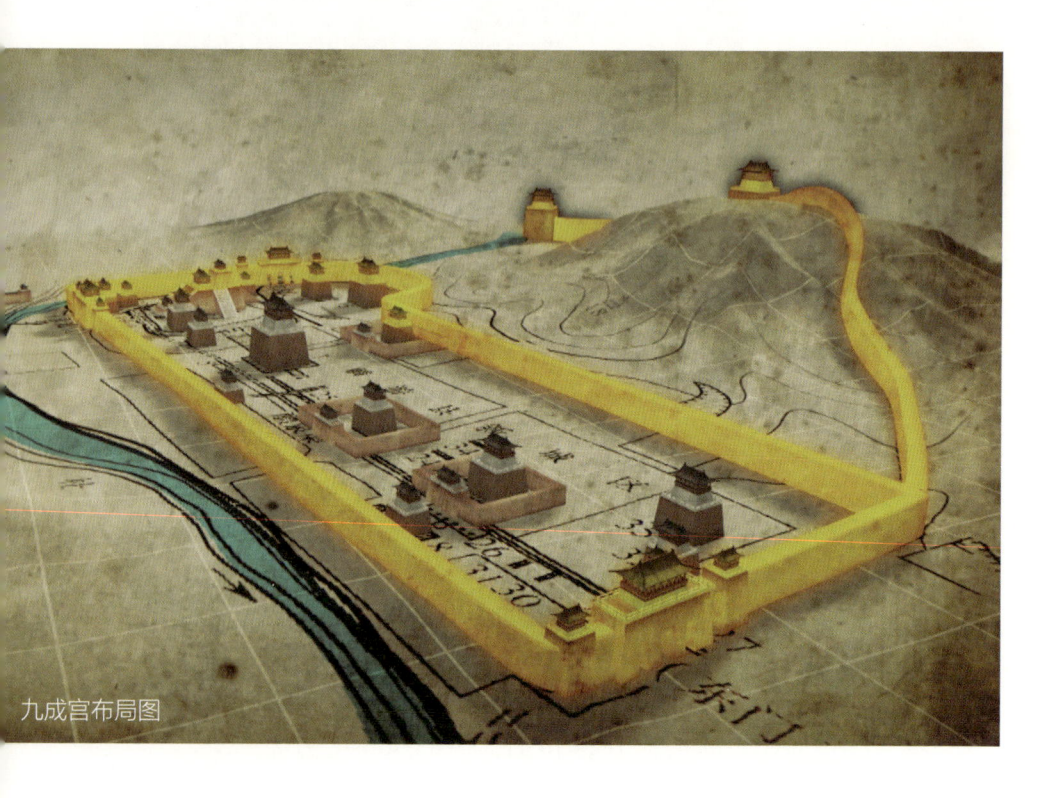

九成宫布局图

离宫之冠九成宫

离宫的盛景：这是一座规模壮阔、如诗如画的旷世奇宫。

整座宫城整体呈长方形，东西长1千米，南北宽0.5千米，东西街道恰与今天麟游县城的东西大街完全重合。

考古人员在城内探测出遗址40余处，宫殿不少于15处，东城附近为官署。天台山一带为九成宫主要宫殿：一号主殿为临朝听政处，三号大殿作阅兵和大庆之用，二号、六号、七号等为皇家居所，这与九成宫醴泉铭碑所述竟完全吻合。

贞观六年，李世民将仁寿宫改名为九成宫。"九成"取自"九层之台，起于累土。"意在提醒自己，离宫修建多么艰难，如同得来不易的江山一样，而自己绝不能重蹈前朝之覆辙。新登帝位的李世民思考的更多不是如何享乐，而是将财力、物力更好投入振兴国力上来。

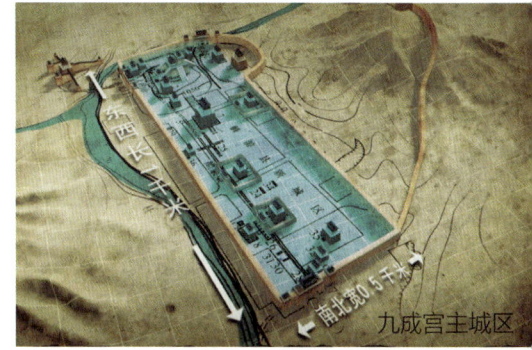

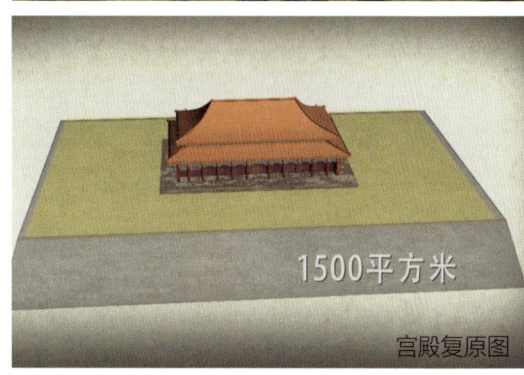

九成宫主城区

宫殿复原图

九成宫遗址

241

消失的文明：宫殿

当时朝堂上就贞观如何治国有一个政策之争，大臣们分为两派，就王道还是霸道两条路线争执不下，主张霸道方认为要以力服人，主张王道方认为应以德治国。

很显然，唐太宗选择了以德治国的政策。在九成宫的修复上，他践行的也是这种理念，从俭戒奢、反对大兴土木，节约民力、藏富于民，将自己的用度尽可能减少。

## 君臣佳话

每年都会有很多楷书爱好者齐聚陕西中部这个偏僻的小县城——麟游，只为了拜谒刻有天下第一楷书的九成宫醴泉铭碑。在书法艺术者看来，欧阳询的书法艺术，别说隔了1000多年，即使再过一万年，仍是大放异彩的。毫无疑问，这块铭刻着欧阳询书法的九成宫醴泉铭碑，自然备受人们推崇。

离宫之冠九成宫

20世纪70年代末，中科院唐城考古队也正是以九成宫醴泉铭碑为起点，开始了九成宫的全面考古工作，试图以考古为突破口破解九成宫之谜。

九成宫醴泉铭碑又被称为三绝碑，因为它不仅囊括了欧阳询的书法，还与大唐历史上两个重要人物有关，即碑文的撰写者魏征以及事件的当事人唐太宗李世民。魏征撰写碑文，记载下了唐太宗在九成宫避暑时发现泉水之事。

九成宫醴泉铭碑

九成宫醴泉铭碑局部

昭陵风光

　　历史上，唐太宗与魏征成就了一段君臣佳话。魏征是唐朝著名的谏诤之臣。《资治通鉴》记述："魏征状貌不逾中人，而有胆略，善回人主意，每犯颜苦谏；或逢上怒甚，征神色不移，上亦为霁威。"魏征既有胆识又有谋略，且他不惧怕触犯龙颜，遇事总是当面直言进谏还善于让皇帝回心转意。

　　据悉，魏征任职17年间，先后向唐太宗进谏了两百多次；唐太宗呢，也总是虚心纳谏言。魏征死后，唐太宗说出了那句千古名言："以铜为镜，可以正衣冠；以古为镜，可以知兴替；

离宫之冠九成宫

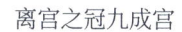

以人为镜，可以明得失……今魏征殂逝，遂亡一镜矣！"

陕西省礼泉县境内海拔高1188米的九嵕山，周围均匀分布着九道山梁，这里正是唐太宗李世民的昭陵所在地。作为凿山建陵的开端和代表，昭陵海拔最高、面积最大，陪葬墓也最多，陵墓竟达180余座。魏征的墓就位于昭陵西南海拔近千米的山上，与昭陵咫尺相望，是距离最近、规格最高的两座墓之一，反映出君臣非同一般的相依关系。

史书记载，唐贞观六年的一天，天台山九成宫沉浸在一番特殊的欢乐气氛中。这是唐太宗李世民第一次来到九成宫避暑，并大宴群臣。青山绿水间，大家兴致高昂，共同庆祝一个新时代的开启。

魏征墓与昭陵咫尺相望

245

宴会上，有亢奋的官员提出，从秦始皇起，君主治国成功都会封禅于泰山，唐太宗也可以东巡泰山并封禅天下。这时却出现了一个不和谐的声音，声音来自魏征。他直言反驳：虽然天下已取得很大成绩，但还远远不够。皇帝东巡，耗费巨大，且沿途有少数民族首领跟随，见到大唐国力并没那么强大，岂不会生出异心？这种图虚名又不务实的事情，还是放弃为好。

魏征不仅搅散了大家的兴致，还拉着李世民的袖子不让他走，甚至一路喋喋不休地追着皇帝到了书房，意图让皇帝打消东巡的念头。

李世民内心虽也认为魏征说的有理，但这次争论还是让他很生气。回到后宫的李世民仍怒气难消，怒吼道："魏征这个乡巴佬，我迟早要杀了他！"

虽然，魏征不时惹得皇帝暴跳如雷，但李世民从来没有真正想要杀掉魏征，也从不否定魏征的成绩。

"盛世常见多才，衰世常患无才"，唐贞观时期，朝堂之中可谓是人才辈出。魏征是官员群体中积极进言、励精图治的代表，除此还有房谋杜断的房玄龄、杜如晦，威震燕山南北的李靖，死在工作岗位上的岑文本，去世后家里连玉片都拿不出的李大亮等。贞观年间的政治氛围是极好的，君臣同心同德，一心一意想着把国家建设好。

唐太宗塑像

据记载，平息此次泰山封禅事件君臣矛盾的是长孙皇后。她恭喜丈夫得了忠臣魏征，以此巧妙地夸奖李世民是一位贤君，使皇帝转怒为喜。如果连皇后都会有理有据地进言献策，盛世还会远吗？

李世民是中国历史上拥有最多陪葬墓的君王，众多能臣将才死后也依然团结在唐太宗的周围，可以说是那个盛世王朝上下一心、奋发图强的生动见证。

## 保护性考古

1988年，麟游县邮电局的建筑工地上，热火朝天忙着盖宿舍楼的工人们，意外挖掘出一件十分重要的东西——石础。接到这个消息，考古专家异常兴奋，这下面绝对是一座大殿。建筑工地马上叫停。

考古人员进行了现场勘测，结果十分喜人。这座宫殿的夯土层十分平整，说明整座宫殿遗址并没有被移动过，这非常难得。

九成宫石础

西安仿唐式宫廷建筑

在考察了周边土层后,考古专家认为,应该是某种地质灾害引起宫殿背后的山体滑坡,然后整座宫殿被埋在近4米厚的黄土之下。这座宫殿很可能是目前仅有保存完整的隋唐宫殿遗址,它被定名为九成宫37号遗址。

消失的文明：宫殿

1990年9月23日，37号遗址的考古发掘工作正式开始。但在考古工作进行了两个月，柱础上覆盖的黄土被移走2米后，考古专家安家瑶却突然决定停工。

原因是，这处遗址非常珍贵且保存得非常完好：青色石灰岩雕琢而成的柱础，光滑细腻、图案规整、纹路分明，有的表面还留有圆形紫色木柱的痕迹。

安家瑶对1981年九成宫水井发掘出来后的情景记忆犹新：当时，水井的柱础犹如崭新的一般，花纹清晰、图案精美，但是由于后来常年暴露在外，又没有恰当的保护措施，它们已经逐渐风化萎缩了。

考虑再三，安家瑶决定九成宫遗址的发掘须以保护为首要任务，37号遗址的发掘只揭露殿址，不破坏、不

移动原位置上的一砖一石，将来有条件进一步解剖时再进行深度发掘。

1991年4月，37号大殿的发掘工作重新启动。虽然不断遭遇困难，但在一年后，4个柱础终于发掘出来。柱础的位置意味着宫殿的边缘被确定，它们立在中心殿堂的四角。柱子的直径达1.02米，是用来缓和更外围支撑物的压力的，很显然，这4个柱础之外应该还有一圈柱础。

1994年，凭着坚韧的决心和6年的艰苦努力，37号殿48个柱础全部出土，除南廊道紧贴邮电大楼已不可能继续深入外，其他3面廊道大部分露出，37号大殿终于基本完整地面世。

唐井遗址

消失的文明：宫殿

　　这是一处保存完好的隋唐宫殿遗址，占地面积 1351 平方米，除个别柱础外，其他柱础都仿佛原先修建时一般完整光润，稳固坚实，人们站在遗址上能立刻建构起殿堂的轮廓。

　　大殿建于距地 1.09 米的台基之上，台基以坚实的黄土夯筑，台基四壁全部用石材包砌，周边还设有登殿的踏道，踏道中间宽、两边略窄。整个大殿设计严谨，做工精细，底层土衬石，中层有陡板石、版柱等，上层压栏石，表面雕刻着大气精致的忍冬纹路，既保留着隋唐建筑惯有的简约豪放，又透露出避暑离宫的精巧秀丽。

　　唐宋时期流行的宫殿建筑式样，通常会在殿

堂的外围建一周廊道。37号殿的廊道却因太过特殊而让考古专家疑惑不解，因为廊道宽度竟然有9米多，差不多有两间房子那么宽。如此宽大的廊道还是首次发现，当时的人们建这么大的廊道是做什么的呢？

考古专家推测，在这样一个思想活跃、言论自由的年代，人们肯定会经常吟诗品书、畅所欲言。而九成宫所在地山川俊美，人们更愿意流连于室外，因此唐王朝才有了如此宽阔的廊道，37号殿应该就是九成宫宫殿群中一处大型的室外活动场所。

1994年，九成宫37号殿遗址被评选为年度全国十大考古新发现之一。

唐代壁画

薛仁贵雕像

25年后，从2019年4月至2020年8月，中国社会科学院考古研究所对隋仁寿宫唐九成宫4号殿遗址进行了科学发掘，出土了各类遗物标本500余件。专家推测，4号殿极有可能是唐高宗和武则天驻跸并使用的寝殿——咸亨殿。

九成离宫也是薛仁贵救驾之地。

史书记载，永徽五年（654年），此时的九成宫已改称"万年宫"，唐高祖李治携武则天到此避暑休养。五月的一天深夜，山洪冲开了玄武门，直泻宫中，宫人士兵吓得四散奔逃。

右领军郎将薛仁贵却登上宫门大声呼喊、敲鼓报警，随后又冲进皇帝寝殿，将高宗李治背出寝殿，转移到更高的山上。这场山洪冲走了3000余人，冲坏宫内大小殿堂百余间，牛马不计其数。李治感慨道："今夜之难赖得有卿，方免沦溺，吾始知板荡有忠臣。"为此，还专门赏赐给薛仁贵一匹御马。

## 《九成宫醴泉铭》

这天，李世民遇到了烦心事。随着皇帝以及随员的到来，九成宫竟然遭遇了用水困难，该怎么解决缺水的难题呢？

据礼泉铭碑记载，心绪烦闷的唐太宗在离宫闲逛，走到宫城西边时，发现山脚有一块土壤是湿润的。他估计这里应该有地下水，于是用手杖戳了一下。神奇的是，顺着戳出来的洞口，泉水喷涌而出，唐太宗一看，泉水清澈如镜；再一尝，味道甘甜可口。

泉水

缺水问题就这样奇迹般地解决了。据说，李世民发现水源时，现场"祥瑞之兆"的欢呼响彻了整座宫城。

遗憾的是，当年的泉眼至今还未找到，不过人们在县城与唐时完全重合的东西大街两侧，发现了多处唐时铺设的长约500米、宽1.4米的宽阔引水石渠。

渠底有一层薄薄的细黄沙，可见渠水水质非常纯净。渠水从西边横穿整个宫城，可见它是九成宫中重要的饮用水源。

据《唐六典》里记载的唐代国家重大瑞象，第一便是醴泉，即九成宫甘甜泉水的发现，可以想象，在一个国运上升的年代，醴泉的出现可谓是天遂人愿、锦上添花。

兴奋的李世民立刻决定要将这件事记录下来，这篇文章该由谁来撰写呢？自己写未免炫耀，朝中虽然不乏文笔好的人，但这么一件好事，只有由魏征写才更有说服力。李世民很快收到了文章。

"冠山抗殿，绝壑为池。"魏征的文章从九成宫的豪华壮美说起，讲述了李世民接手这座隋朝旧宫后如何爱惜民力、克己治国，尤其对于发现醴泉这样的国之盛事不惜笔墨，全文行云流水，文辞优美，读之也如饮了甘泉一般沁人心脾。

不过就在文章最后一段，魏征突然话锋一转，"居高思坠，持满戒溢"几个字赫然而出，李世民看得不禁皱起了眉头。

唐太宗登基时曾说："朕虽以武功定天下，终当以文德绥海内。"成功完成政策转型的李世民，俨然将治国重点放在社会和谐及文化繁荣上。

九成宫雕梁

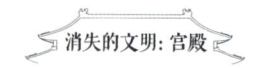

如果说疆土广大、经济繁荣是一个王朝国力强大的外表，那么文化昌盛、社会安定则是它令人向往的内在魅力。

唐朝孕育出流芳百世的唐诗和书法，有李白、杜甫、白居易等文学大家，欧阳询、褚遂良、颜真卿、柳公权等书法大家。再看唐朝的建筑、壁画、服饰、工艺品，一扫前世浮靡绮艳的作风，刚健质朴、大气自然。

回看唐王朝的历史，唐贞观时期取得了中国历史上从未有过的鼎盛地位。唐太宗被周围各民族称为"天可汗"，这个地位是由整个国家的绝对实力和公信力获得的。

但是，居安思危从来都是知易行难的。

贞观四年，唐王朝灭亡草原第一帝国东突厥，威震天下。但是，草原上有一支少数民族薛延陀很快地发展起来，他们侵

《九成宫醴泉铭》字帖

吞了东突厥曾经占据的西北广大地区，贞观六年后就开始与唐朝争夺天山南北的控制权。事实证明，这支力量后来确实发展成了唐朝不得不正视的草原第一大患。

史书记载，对于发现醴泉这件瑞象之事，魏征竟然要在刻碑立传的结尾写一句谏言，李世民其实是不大能接受的。原本，李世民打算御笔朱批"惟结尾居高思坠等句，似可斟酌"，但最终他放弃了删改，只批复了"着即照刊"4字。

文章有了，那么由谁来书写碑文呢？

当时世间公认的四大书法家是欧阳询、虞世南、褚遂良和薛稷，在李世民看来，虞世南书法温厚，褚遂良书法秀美，薛稷书法细劲，只有欧阳询书法骨力劲峭、气象非凡，能配得上魏征文章的大气磅礴、铁骨铮铮。由此，李世民决定让70岁的欧阳询手书碑文。

九成宫出土文物

据记载，欧阳询将碑文写好后，李世民认为其是楷书极则，于是拓下了不少拓帖，并分赐给宫中王子、大臣，让大家作为范本好好去临习。

633年，九成宫醴泉铭碑正式立碑。

九成宫醴泉铭碑之所以被称为"三绝碑"，因为它是君臣三人共同书写的一曲昂扬激情的盛世颂歌，其中有李世民虚心接受大臣的逆耳忠言，有魏征坚持忠贞爱国的直言规劝，也有欧阳询集一生功力的楷书大成。名帝、名臣、名书，九成宫醴泉铭由此成为贞观时期宽厚开明、欣欣向荣的时代丰碑。

唐朝第三位皇帝唐高宗李治，曾先后八次来到九成宫避暑消夏，他在这里留下了著名的《万年宫铭》。可以想见，他也曾在这里宴请朝廷重臣，在这里饮酒、作诗、赏曲，在这里接见各国使团的朝觐。直到唐开成元年（836年），九成宫毁于一场暴雨引发的洪水之中。

从营造到水毁，从兴修到败落，九成宫历经241年。存世期间，隋唐多位帝王"每岁避暑，春往冬还"，多到这里消暑。

时光荏苒，昔日的唐九成宫，如今成了遗址。被誉为"人间第一帖"的九成宫醴泉铭碑和皇帝亲书的万年宫铭碑仍静静竖立着，向世人诉说着曾经的辉煌。

洛阳明堂景区的仿隋唐建筑